海洋法学研究

LAW OF THE SEA REVIEW

第五辑

薛桂芳 主编

上海交通大学出版社
SHANGHAI JIAO TONG UNIVERSITY PRESS

图书在版编目(CIP)数据

海洋法学研究. 第五辑/ 薛桂芳主编. —上海:
上海交通大学出版社，2019
ISBN 978 - 7 - 313 - 21690 - 8

Ⅰ.①海… Ⅱ.①薛… Ⅲ.①海洋法—研究 Ⅳ.
①D993.5

中国版本图书馆 CIP 数据核字(2019)第 158192 号

海洋法学研究(第五辑)

主　　编：薛桂芳
出版发行：上海交通大学出版社　　　　　　　地　　址：上海市番禺路 951 号
邮政编码：200030　　　　　　　　　　　　　电　　话：021 - 64071208
印　　制：江苏凤凰数码印务有限公司　　　　经　　销：全国新华书店
开　　本：710 mm×1000 mm　1/16　　　　印　　张：12
字　　数：195 千字
版　　次：2019 年 8 月第 1 版　　　　　　　印　　次：2019 年 8 月第 1 次印刷
书　　号：ISBN 978 - 7 - 313 - 21690 - 8/ D
定　　价：68.00 元

主编的话

海洋法学研究·第五辑

《海洋法学研究》第五辑,共设"特约稿件""学术争鸣""专题探讨""域外动态"等四个栏目。

深海新疆域是全球治理的前沿阵地。近年来,我国在积极参与深海全球治理和国际规则制定等方面的影响力得到明显提升。在此背景下,本刊特约中华人民共和国驻苏丹共和国特命全权大使(外交部条约法律司原副司长)马新民对我国参与深海规则制定的历程、进展和主张进行分析与阐释。"学术争鸣"栏目的文章除了探讨我国海洋争端和非战争军事行动中的法律问题之外,还特别关注近期上升为国家战略的粤港澳大湾区议题,探讨其在我国海洋立法中定位方面的理论与实践中值得思考的问题。

党的十九大报告明确指出:坚持陆海统筹,加快建设海洋强国。在新时代,我国应如何全面、深入地参与全球海洋治理,切实维护国家海洋权益是理论界需要予以关注和回应的重大命题。"专题研讨"三篇论文从我国海权建设、全球治理多重维度以及我国海权意识的转变等不同方面对全球海洋治理和我国海洋强国建设作了深入探讨。

作为全球海洋强国的美国,其一举一动都受到国际社会的重点关注。尤其是特朗普就任美国总统以来,美国在南海、印度洋等区域的战略政策发生变化,其盟友的海洋政策也受到相应影响。"域外动态"精选了三篇论文从地缘政治角度来分析探讨美国、日本等国的相关海洋政策及其对国际秩序的影响。

海洋法学研究·第五辑

目 录

特约稿件

国际海底制度的发展：
现状与前瞻

马新民 *

摘　要： 国际海底区域是人类活动和国际治理的新疆域。《1982 年联合国海洋法公约》以及《关于执行 1982 年 12 月 10 日〈联合国海洋法公约〉第十一部分的协定》共同确立了国际海底制度的基本规范。国际海底制度的发展主要体现为国际海底管理局在实践中逐步出台和实施的相关规则、规章和程序，以及国际海洋法法庭海底争端分庭就"区域"内活动担保国责任问题发表的咨询意见。国际海底制度的主要内容包括作为"区域"基本法律属性的人类共同继承财产原则、"区域"内资源勘探和开发制度、海底争端解决机制以及先驱投资者制度。当前的国际海底活动正处于从资源勘探向资源开发过渡的关键阶段，即开发活动迄未实施，"转段"尚未实现，勘探活动仍在继续。我国参与国际海底事务需内强实力和基础，外塑形象和制度。

关键词： "区域"；国际海底制度；人类共同继承财产原则

国际海底区域（以下简称"区域"）约占全球海洋总面积的 70%，空间广袤、资源丰富、战略地位显要，是新时期人类活动和国际治理的新疆域。根据《联

---

*　马新民，亚洲国际法学会副会长、中国海洋法学会副会长。
　本文仅代表作者个人观点。在写作过程中曾得到刘洋、鞠蕾等大力协助，特致谢意。

合国海洋法公约》(以下简称《公约》)的规定:"'区域'及其资源是人类的共同继承财产",①"对'区域'内资源的一切权利属于全人类,由管理局代表全人类行使"。② 这一独特的国际海底制度构成现代海洋法的重要基石。从总体上看,《公约》及其《1994 年执行协定》确立了国际海底制度的基本规范,国际海底管理局(海管局)20 多年的实践推动了国际海底制度的运行发展。当前,国际海底活动正处于从资源勘探向资源开发过渡的关键时期,《"区域"内矿产资源开发规章》(以下简称《开发规章》)的制订正加紧进行,深海科研、深海环保、制度审查等领域的工作亦在有序推进。本文重点从实务角度梳理国际海底制度的现状,并结合其发展方向和中国的实际情况,对中国参与国际海底事务所面临的形势、主要任务和工作思路进行分析和展望。

一、国际海底制度现状

《公约》以及《关于执行 1982 年 12 月 10 日〈联合国海洋法公约〉第十一部分的协定》(以下简称《执行协定》)规定了国际海底制度的基本框架和主要内容。海管局、《公约》缔约国和具体从事"区域"内活动的承包者是现阶段国际海底活动的主要参与者,共同实施国际海底制度。海管局代表全人类对"区域"内资源的勘探和开发活动"予以安排、进行和控制",③并由海管局大会对国际海底制度的实际实施情况进行定期审查。④ 在现阶段,承包者通过订立和实施勘探合同,与海管局以协作方式对"区域"内资源进行勘探。⑤《公约》缔约国特别是承包者的担保国主要通过国内立法等方式,协助海管局确保其就"区域"内活动出台的规定得到遵守。⑥

(一)国际海底制度的基本框架

《公约》和《执行协定》共同确立了国际海底制度的基本规范。伴随《公约》和《执行协定》的施行,国际海底制度的发展主要体现为海管局在实践中逐步出台和实施相关规则、规章和程序以及国际海洋法法庭海底争端分庭就"区域"内活动担保国责任问题发表的咨询意见。目前,国际海底制度已基本形成

---

① 《联合国海洋法公约》第 136 条。
② 《联合国海洋法公约》第 137 条第 2 款。
③ 《联合国海洋法公约》第 153 条第 1 款。
④ 参见《联合国海洋法公约》第 154 条。
⑤ 参见《联合国海洋法公约》第 153 条第 2 款。
⑥ 参见《联合国海洋法公约》第 139 条、153 条第 4 款和"附件三"第 4 条第 4 款。

"1 个公约和协定、3 个勘探规章、1 个咨询意见以及多个相应配套规则、程序和指南"的法律框架。

1.《公约》和《执行协定》

1973—1982 年谈判出台的《公约》确立了国际海底制度，将国家管辖范围以外的海床和洋底及其底土确立为一类新的海洋空间，即"区域"，并为"区域"内资源的勘探和开发确立起基本法律规范。国际海底制度是超越传统海洋法的重大创新，是维护现代国际海洋秩序的重要基石。它平衡处理了"区域"内资源勘探开发者、《公约》缔约国和国际社会整体之间的利益关系，其主要内容包括人类共同继承财产原则、"区域"内资源勘探和开发制度、海管局的组织和运作、海底问题争端解决机制和先驱投资者制度等。

《公约》出台后，在联合国秘书长的主持下，自 1990 年起围绕《公约》中有关深海底采矿所涉未决问题展开一系列非正式协商，最终于 1994 年以联大决议的形式出台《执行协定》。该协定主要涉及九个问题，包括缔约国的费用和体制安排、企业部、决策机制、审查会议、技术转让、生产限额、补偿基金、合同财政条款和深海采矿环境保护等，在坚持人类共同继承财产原则的同时，对《公约》的相关制度和规则作出重大修改，包括取消采矿者向海管局缴纳年费、取消各国支持海管局企业部的财政义务、取消强制性技术转让、变更海管局决策程序和规则等，主要是照顾发达国家和深海采矿国的利益和需求。《执行协定》同《公约》第十一部分的规定应作为单一文书进行解释和适用，二者之间如有任何不一致的情况，应以《执行协定》的规定为准。①

2. 勘探规章

就"区域"内资源的勘探活动而言，《公约》和《执行协定》仅作出原则性规定，其具体规范是由海管局制定的勘探规章予以确立。自海管局运作以来，根据《公约》及《执行协定》授权，其已先后制定了三类"区域"内资源的探矿与勘探规章，分别为：2000 年出台的《"区域"内多金属结核探矿和勘探规章》（2013年修正）；2010 年的《"区域"内多金属硫化物探矿和勘探规章》以及 2012 年的《"区域"内富钴铁锰结壳探矿和勘探规章》。上述规章主要包括勘探申请的提出与核准、勘探合同的签订与执行、保护和保全海洋环境、争端解决以及规章审查等内容，并附有勘探合同标准条款。

需要指出的是，由于各方在多金属硫化物勘探规章和富钴结壳勘探规章

---

① 参见《关于执行 1982 年 12 月 10 日〈联合国海洋法公约〉第十一部分协定的决议》第 2 条第 1 款。

的谈判过程中未就反垄断问题达成一致,上述两个规章均无反垄断条款;但理事会在通过两项规章的决定中,请海管局法律和技术委员会及时拟订可能用来防止垄断的适当标准,并就此向理事会提出报告供审议。①

3. 国际海洋法法庭担保国责任咨询意见

2011 年 2 月,应海管局理事会的请求,国际海洋法法庭海底争端分庭就"区域"内活动中的担保国责任问题发表咨询意见,在《公约》作出原则规定的基础上,进一步明确了担保国在海底活动中应承担何种法律义务、如何履行其法律义务以及如何承担其赔偿责任的问题,丰富和发展了国际海底制度相关规则。

咨询意见认为,担保国应承担两类义务:

一是"确保遵守"义务,即确保所担保的承包者遵守相关规则,既包括承包者与海管局订立的合同,也包括海管局制定的规则、规章和程序以及《公约》的相关规定。这是一种"适当尽职"义务,它要求担保国为实现承包者遵守的结果采取可能的最佳努力,但并不要求在任何情况下都必须获得这一结果。担保国承担的是行为义务,而非结果义务。②

二是直接义务,即由担保国直接负担并必须独立履行的义务,通常旨在确保所担保的承包者从事特定行为。例如,协助海管局控制"区域"内活动的义务、采取预防性措施和最佳环境做法以有效保护海洋环境的义务、在海管局为保护海洋环境发布紧急命令的情形下采取措施提供相应保证的义务、确保对污染所致损害可提出申诉以获得赔偿的义务,以及进行环境影响评价的义务等。③

咨询意见进一步指出,根据《公约》要求,担保国为履行其义务应制定法律和规章并采取行政措施。咨询意见还明确指出,担保国赔偿责任的构成要件包括三个方面:一是担保国未履行《公约》规定的义务;二是发生了损害事实;三是担保国未履行义务和损害事实之间存在因果联系。如果担保国已经采取"一切必要和适当的措施"以确保所担保的承包者有效履行其义务,即使因承包者未履行其义务而造成损害,担保国也将免除其赔偿责任。④

---

① 参见《理事会关于"区域"内多金属硫化物探矿和勘探规章的决定》(ISBA/16/C/12)第 3 段、《理事会关于"区域"内富钴铁锰结壳探矿和勘探规章的决定》(ISBA/18/C/23)第 3 段。

② 参见《国际海洋法法庭海底争端分庭关于"区域"内活动担保国责任问题的咨询意见》,第 103—120 段。

③ 参见《国际海洋法法庭海底争端分庭关于"区域"内活动担保国责任问题的咨询意见》,第 121—140 段。

④ 参见《国际海洋法法庭海底争端分庭关于"区域"内活动担保国责任问题的咨询意见》,第 185—205 段。

4. 配套规则

根据《公约》和《执行协定》，海管局有权制定和实施各项配套规则，对"区域"内活动进行规范。实践中，海管局已经出台并正在适用的配套规则主要为海管局法律和技术委员会制定的若干指导建议。这些指导建议包括该委员会于 2013 年发布的《关于承包者及担保国按照勘探工作计划开设培训方案的若干指导建议》和《指导承包者评估"区域"内海洋矿物勘探活动可能对环境造成的影响的建议》，以及该委员会于 2015 年发布的《关于承包者报告实际和直接勘探支出的指导建议》和《就年度报告内容、格式、结构向承包者提供的指导建议》，这些文件细化了对承包者和担保国在从事"区域"内资源勘探活动中的相关要求。上述配套规则与 3 个勘探规章均为海管局采矿法典的重要组成部分。

（二）国际海底制度的主要内容

国际海底制度的主要内容包括作为"区域"基本法律属性的人类共同继承财产原则、"区域"内资源勘探和开发制度、海底争端解决机制以及先驱投资者制度。

1. 人类共同继承财产原则

"区域"及其资源是人类的共同继承财产。人类共同继承财产原则主要有以下六方面的内容：

一是禁止据为己有。《公约》第 137 条第 1 款规定："任何国家不应对'区域'的任何部分或其资源主张或行使主权或主权权利，任何国家或自然人或法人，也不应将'区域'或其资源的任何部分据为己有。任何这种主权和主权权利的主张或行使，或这种据为己有的行为，均应不予承认。"

二是共同管理。《公约》授权海管局代表全人类行使对"区域"内资源的一切权利。《执行协定》"附件"第 1 节第 1 条规定：海管局是"公约缔约国为按照第十一部分和本协定为'区域'确立的制度组织和控制'区域'内活动，特别是管理'区域'资源的组织"。海管局"应具有公约明示授予的权力和职务"。

三是平等利用。"区域"开放给所有国家，不论是沿海国或内陆国，不加歧视；①"区域"内活动应为全人类的利益而进行，不论各国的地理位置如何；②《公约》缔约国享有平等参加"区域"内活动的机会，③并应促进发展中国家参加"区域"内活动。④

---

① 《联合国海洋法公约》第 141 条。
② 《联合国海洋法公约》第 140 条第 1 款。
③ 《联合国海洋法公约》第 150 条（g）项。
④ 《联合国海洋法公约》第 148 条。

四是惠益分享。根据《公约》的规定,海管局应通过适当的机构,在无歧视的基础上公平分配从"区域"内活动取得的财政及其他经济利益。同时,要特别考虑发展中国家的利益和需要。①

五是可持续发展。《公约》明确要求"区域"内活动应确保对"区域"资源进行有秩序、安全和合理的管理,包括有效地进行"区域"内活动,并按照健全的养护原则,避免不必要的浪费。② 可持续利用"区域"及其资源可以说是人类共同继承财产原则的应有之义。

六是和平目的。"海洋的和平使用"是《公约》规定的一项重要原则。③《公约》第141条规定:"区域"应专为和平目的利用。第147条第2款(d)项规定:进行"区域"内活动所使用的设施应专用于和平目的。第143条第1款规定:"区域"内的海洋科学研究,也应专为和平目的并为谋全人类的利益进行。第138条规定:各国对于"区域"的一般行为,应……以利维持和平与安全,促进国际合作和相互了解。

2."区域"内资源的勘探和开发制度

"区域"内资源的勘探和开发制度是国际海底制度的核心部分,其主要有两项内容:一是平行开发制,处理由谁进行勘探和开发的问题;二是矿区获取制度,处理如何进行勘探和开发的问题。

(1)平行开发制。《公约》制定过程中,发展中国家根据"区域"及其资源是人类共同继承财产的原则,主张应仅由海管局代表全人类对海底资源进行勘探和开发,这就是所谓的"单一开发制"。发达国家则强调"区域"内资源的勘探和开发应由具有资金和技术的国家及其企业进行。双方妥协的结果是在《公约》中规定一种"平行开发制",即"区域"内资源的勘探开发一方面可由海管局通过其企业部直接进行,另一方面也可由海管局各成员国及其法人或自然人与海管局以协作方式进行。④ 所谓"协作方式",指海管局成员国或其实体应就其勘探和开发"区域"内资源的工作计划申请海管局核准,核准后的工作计划应由海管局与申请者以订立合同的方式加以执行。⑤

(2)矿区获取制度。《公约》为获取"区域"内资源矿区主要规定了两种模

---

① 《联合国海洋法公约》第160条第2款(f)项(l)目。
② 《联合国海洋法公约》第150条(b)项。
③ 《联合国海洋法公约》第301条。
④ 参见《联合国海洋法公约》第153条第2款。
⑤ 参见《联合国海洋法公约》第153条第3款。

式：一是保留区制度，即各国或其担保的实体在提出勘探矿区申请时，应提供可从事两起采矿作业之用的总区域，并将该区域分成估计商业价值相等的两个部分，供海管局指定其中一部分保留给海管局使用，另一部分则由申请者进行勘探和开发。① 二是联合企业安排，即提出勘探矿区申请时不提供保留区，所申请矿区均由承包者自行勘探，但在开采阶段承包者应与海管局成立联合企业，向海管局企业部提供在联合企业中的股份，由其依据股份从承包者的资源开采活动中分享利益。② 无论采取哪种模式，申请者的勘探矿区申请一旦获得海管局核准，都将获得具有专属勘探权和优先商业开采权的资源矿区。③

实践中，多金属结核勘探规章仅规定了保留区制度，关于多金属结核资源的所有勘探合同均适用该制度。④ 多金属硫化物勘探规章和富钴结壳勘探规章均同时规定了保留区和联合企业安排制度，由申请者选择适用。⑤ 截至目前，关于多金属硫化物和富钴结壳资源的所有勘探合同均选择联合企业安排。可见，不同资源的特点决定了相应的矿区获取制度。

3. 海底争端解决机制

《公约》规定设立国际海洋法法庭海底争端分庭，专门处理各类有关"区域"内活动的争端。海底争端分庭的诉讼管辖权主要涉及三类案件：第一，缔约国之间关于《公约》"区域"部分及其有关附件的解释和适用的争端。第二，缔约国与海管局之间互相指控对方的行为或不行为违反《公约》"区域"部分或其有关附件或按其制定的规则、规章和程序的争端，或者缔约国指控海管局的行为逾越其管辖权或滥用权力的争端。第三，"区域"内活动的合同当事方之间关于合同事项的争端。⑥ 海底争端分庭的裁判具有确定性和拘束力，"应以需要在其境内执行的缔约国最高级法院判决或命令的同样执行方式，在该缔约国领土内执行"。⑦

此外，海底争端分庭还具有咨询管辖权。经海管局大会或理事会请求，海

① 参见《联合国海洋法公约》"附件三"第 8 条。
② 参见《联合国海洋法公约》"附件三"第 11 条。
③ 参见《联合国海洋法公约》"附件三"第 3 条第 4 款(c)项、"附件三"第 10 条。
④ 参见《"区域"内多金属结核探矿和勘探规章》第 15 条。
⑤ 参见《"区域"内多金属硫化物探矿和勘探规章》第 16 条、《"区域"内富钴铁锰结壳探矿和勘探规章》第 16 条。
⑥ 参见《联合国海洋法公约》第 187 条。
⑦ 《联合国海洋法公约》"附件六"第 39 条。

底争端分庭"应对它们活动范围内发生的法律问题提出咨询意见。这种咨询意见应作为紧急事项提出"。①

4. 先驱投资者制度

先驱投资者是指在《公约》生效前对国际海底多金属结核的开辟活动进行预备性投资的国家或者国家控制下的国营企业、自然人或法人。

先驱投资者制度旨在保障先驱投资者在《公约》生效后可获得勘探和开发多金属结核的优先权。根据该制度,先驱投资者从登记之日起在分配给它的开辟区内有进行开辟活动的专属权利,在《公约》生效时,它的权利和利益将根据《公约》得到承认,其勘探和开发工作计划应予核准;②分配生产许可时,应对企业部以外的所有申请者享有优先权。③

《公约》生效前,共有7个先驱投资者登记成功,分别是:中国大洋协会;法国海洋开发研究所;俄罗斯南方生产协会;印度政府;韩国政府;日本深海资源开发有限公司;由保加利亚、古巴、捷克、波兰、俄罗斯和斯洛伐克等国联合成立的国际海洋金属联合组织。

《公约》生效后,7个已登记的先驱投资者于1997年8月向海管局提交关于核准其勘探工作计划的请求,均获得核准。多金属结核勘探规章出台后,7个先驱投资者于2001年和2002年分别与海管局签订勘探合同,成为从事"区域"内活动的承包者。至此,先驱投资者制度完成其历史使命。

(三)海管局组织和运行机制

海管局是根据《公约》设立的政府间国际组织,具有国际法律人格,是完全自主的国际机构。海管局在《公约》于1994年生效后宣告成立,自1996年起正式运作。《公约》缔约国都是海管局当然成员。截至2019年4月,海管局成员有168个,包括167个国家和欧盟。④《公约》对海管局的职权和机关作出明确规定,为海管局的组织和运行机制确立了基本规范。

1. 海管局的职权

海管局是《公约》缔约国组织和控制"区域"内活动,特别是管理"区域"资

---

① 《联合国海洋法公约》第191条。

② 参见《第三次联合国海洋法会议最后文件》"附件一"决议二"关于对多金属结核开辟活动的预备性投资"决定第8段,并参见《关于执行1982年12月10日〈联合国海洋法公约〉第十一部分的协定》"附件"第1节第6(ii)段。

③ 参见《第三次联合国海洋法会议最后文件》"附件一"决议二"关于对多金属结核开辟活动的预备性投资"决定第9(a)段。

④ 参见 https://www.isa.org.jm/member-states,最后访问日期:2019年4月30日。

源的组织。① 《公约》第 157 条第 2 款规定：海管局应具有本公约明示授予的权利和职务。海管局应有为行使关于"区域"内活动的权利和职务所包含的和必要的，并符合本公约的各项附带权力。总体而言，海管局的职权可以概括为以下六个方面：

一是代表全人类组织、开展和控制"区域"内活动，包括制定所需规则、规章和程序。②

二是保护海洋环境。根据《公约》第 145 条的规定，海管局应制定适当的规则、规章和程序，以确保切实保护海洋环境，使其免受"区域"内活动可能产生的有害影响。《执行协定》也明确规定海管局在保护海洋环境方面承担重要职责。③

三是促进共享海洋科学研究成果。根据《公约》第 143 条第 2 款规定，海管局必须促进和鼓励在"区域"内开展海洋科学研究，并协调和传播所得到的这种研究和分析的成果。海管局还可以自行开展海洋科学研究。

四是促进能力建设和技术转让。《公约》要求海管局采取措施，获取与"区域"内活动有关的技术和科学知识，④并确保为发展中国家提供各种能力建设和技术转让机制。⑤

五是促进发展中国家参加"区域"活动。《公约》第 144 条明确规定：海管局应按照《公约》采取措施，以促进和鼓励向发展中国家转让"区域"内活动的技术和科学知识，使所有缔约国都从其中得到利益。《公约》第 148 条也规定：应按照《公约》第十一部分的具体规定促进发展中国家有效参加"区域"内活动，并适当顾及其特殊利益和需要，尤其是其中的内陆国和地理不利国的特殊需要。

六是公平分享利益。根据《公约》第 140 条 2 款的规定，海管局应通过任何适当的机构，在无歧视的基础上公平分配从"区域"内活动取得的财政及其他经济利益。具体而言，海管局大会应根据理事会的建议，审议和核准关于公平分享从"区域"内活动取得的财政及其他经济利益的规则、规章和程序。⑥

---

① 参见《联合国海洋法公约》第 157 条第 1 款。
② 参见《联合国海洋法公约》第 153 条第 1 款、157 条第 1 款。
③ 参见《执行协定》"附件"第 1 节第 5 段(g)项。
④ 《联合国海洋法公约》第 144 条第 1 款(a)项。
⑤ 《联合国海洋法公约》第 274 条。
⑥ 《联合国海洋法公约》第 160 条第 2 款(f)项(1)目。

2. 海管局机关

海管局的主要机关为大会、理事会和秘书处,在国际海底事务中承担重要职责。①

大会由海管局全体成员组成,是海管局的最高机关。大会有权就海管局权限范围内的任何问题或事项制定一般性政策。此外,大会的权力和职务还主要包括选举理事会成员、选举秘书长、审议和核准理事会制定的"区域"内资源勘探规章和开发规章,以及决定公平分配从"区域"内活动取得的财政和其他经济利益。②

理事会为海管局的执行机关,由36个成员组成,分为A至E五个组,分别代表最大消费国集团、最大投资国集团、生产国集团、特别利益集团和按公平地域分配选出的国家。③ 理事会每4年举行半数成员的改选。④ 理事会的主要职责包括核准"区域"内资源勘探申请和开发申请、制定"区域"内资源勘探规章和开发规章,以及向大会建议关于公平分享从"区域"内活动取得的财政及其他经济利益的规则、规章和程序等。⑤ 理事会下设法律和技术委员会(法技委)和经济规划委员会两个专家机构。⑥ 目前,根据《执行协定》的规定,经济规划委员会尚未成立,其职权由法技委代为行使。⑦

秘书处由秘书长一人和海管局所需要的工作人员组成。⑧ 秘书长是海管局的行政首长,目前已有三任。第一任秘书长由来自斐济的萨切雅·南丹担任,连任三届,至2008年12月31日卸任。第二任秘书长为加纳的尼·奥敦通,任期两届,从2009年1月1日至2016年12月31日。现任秘书长为英国的迈克·洛奇,自2017年1月1日起任职。

此外,企业部是根据《公约》规定直接进行"区域"内活动以及从事运输、加工和销售从"区域"回收的矿物的海管局机关。⑨ 因"区域"内资源的商业开采

---

① 参见《联合国海洋法公约》第158条第1款。
② 参见《联合国海洋法公约》第160条。
③ 参见《执行协定》"附件"第三节第15段。实际运作中,海管局理事会有37个成员,其中1个成员有权参加理事会会议,但无表决权。
④ 参见《联合国海洋法公约》第161条第3款。
⑤ 参见《联合国海洋法公约》第162条。
⑥ 参见《联合国海洋法公约》第163条第1款。
⑦ 参见《执行协定》"附件"第1节第4段。
⑧ 参见《联合国海洋法公约》第166条第1款。
⑨ 参见《联合国海洋法公约》第170第1款。

前景尚不明朗,企业部尚未独立运作。根据《执行协定》"附件"第 2 节的规定,企业部的职务由海管局秘书处履行,直至其独立于秘书处而运作为止。

根据《执行协定》,海管局各机关和附属机构的设置和运转应考虑有关机关和附属机构的职能需要,采用渐进的办法,以使它们可以在"区域"内活动的各个发展阶段有效履行各自的职责。① 《执行协定》还强调:为将缔约国的费用最小化,依据《公约》设立的所有机关和附属机构都应具有成本效益。②

(四)对国际海底制度的定期审查

根据《公约》第 154 条的规定,海管局大会每五年应对国际海底制度的实际实施情况进行一次全面和系统的审查。参照上述审查,大会可采取措施或建议其他机构采取措施,以导致对制度实施情况的改进。

《公约》于 1994 年 11 月 16 日生效,第一次定期审查按照规定应于 2000 年进行。2000 年,时任海管局秘书长南丹向海管局大会提交报告认为:《公约》第 154 条的目的是使大会可根据经验建议对《公约》和《执行协定》规定的制度作出改动以适应不断变化的环境;在筹备委员会拟定海管局各机关的议事规则和登记先驱投资者的工作中以及联合国秘书长进行的导致《执行协定》得以通过的非正式协商中,《公约》有关制度实际上已经过审查和改动,加上海管局执行相关制度的经历很短,因此,向大会提出有关改进措施时机尚不成熟。③

此后,海管局大会一直认为此种审查并非必须。④ 至 2015 年 7 月,海管局第 21 届大会最终决定启动国际海底制度定期审查程序,由大会主席、大会主席团和理事会主席组成审查委员会,并于 2017 年提交最终报告。⑤

2017 年 8 月,海管局第 23 届大会作出决定,核准了审查委员会所开展定期审查的最后报告。⑥ 该报告共提出 19 项建议,内容涵盖担保国立法、数据管

---

① 参见《执行协定》"附件"第 1 节第 3 段。
② 参见《执行协定》"附件"第 1 节第 2 段。
③ 参见《国际海底管理局秘书长根据〈联合国海洋法公约〉第一六六条第 4 款提交的报告》(ISBA/6/A/9),第 62—63 段。
④ Gwenaëlle Le Gurun, "Some Reflections on the Evolutionary Approach to the Establishment of the International Seabed Authority", *Peaceful Order in the World's Oceans*, edited by Michael W. Lodge and Myron H. Nordquist, p.259.
⑤ 参见《大会关于根据〈联合国海洋法公约〉第一五四条对"区域"国际制度进行第一次定期审查的决定》(ISBA/21/A/9/Rev.1)。
⑥ 参见《关于国际海底管理局按照〈联合国海洋法公约〉的规定定期审查"区域"的国际制度情况的最后报告》(ISBA/23/A/3 附件);参见《国际海底管理局大会关于按照〈联合国海洋法公约〉第一五四条对"区域"国际制度所开展第一次定期审查的最后报告的决定》(ISBA/23/A/13)。

理和共享、发展海洋技术、制定海管局战略计划、理事会和法技委工作、保密和财务规定等众多方面,基本被大会关于定期审查最终报告的决定所吸纳。此次审查系《公约》生效以来的首次定期审查,大会关于最终报告的决定对未来一段时间内海管局工作的开展具有重要影响。目前,定期审查报告中有关建议以及大会所作决定中的相关工作已经陆续得以开展和落实。例如,第 24 届海管局大会于 2018 年通过了《国际海底管理局 2019—2023 年期间战略计划》。理事会和法技委会议也根据建议由原本的每年一次调整为每年两次。

（五）勘探合同现状①

海管局成立近 25 年来,迄已核准 29 项勘探申请,与承包者共签署勘探合同 29 份,其中,包括多金属结核勘探合同 17 份、多金属硫化物勘探合同 7 份和富钴结壳勘探合同 5 份,涉及 3 大洋、20 个国家。② 在 29 份合同中,仅有 8 份多金属结核勘探合同的签署发生在 2011 年之前。其中,首批 7 个承包者的多金属结核勘探合同已分别于 2016 年和 2017 年到期后获得 5 年延期,有效期至 2021 年或 2022 年。2011 年之后,随着国际海底新资源勘探规章的逐步建立,申请勘探矿区的数量大幅增加。海管局最近一次核准勘探申请是理事会于 2017 年核准了波兰政府关于多金属硫化物资源的勘探申请,相关勘探合同的有效期至 2033 年。

（六）各国立法现状

2011 年,在国际海洋法法庭海底争端分庭就"区域"内活动担保国责任问题发表咨询意见后,海管局理事会第 17 届会议请海管局秘书长编写一份报告,说明各担保国及海管局其他成员通过的与"区域"内活动有关的法律、条例和行政措施,并邀请担保国及海管局其他成员酌情向秘书处提供本国相关法律、条例和行政措施的信息或条文。③ 2012 年,理事会审议上述秘书长报告后,将此事项定为议程常设事项,并请秘书长每年编写更新的报告,供理事会审议。④ 2017 年,海管局大会第 23 届会议在关于定期审查最后报告的决定中明确提及,请为"区域"内活动提供担保、但尚未审查本国立法的缔约国参考国际海洋法法庭海底争端分庭的咨询意见,审查本国立法,管制与本国签订勘探

---

① 参见《"区域"内勘探合同现状》(ISBA/24/C/5)。
② 20 个国家分别为:保加利亚、古巴、捷克、波兰、俄罗斯联邦、斯洛伐克、韩国、中国、日本、法国、印度、德国、瑙鲁、汤加、比利时、英国、基里巴斯、新加坡、库克群岛、巴西。
③ 参见《国际海底管理局理事会的决定》(ISBA/17/C/20),第 3 段。
④ 参见《理事会关于法律和技术委员会主席总结报告的决定》(ISBA/18/C/21),第 4 段。

合同的实体活动。① 同一决定又请秘书长视需要持续更新担保国涉及"区域"内活动的相关国家法律、条例和行政措施。②

鉴于担保国立法状况直接关系各国损害赔偿责任的承担问题，已为承包者提供担保的国家纷纷启动国内有关立法程序。中国、新加坡、瑙鲁、汤加、基里巴斯、图瓦卢等国都是在 2011 年咨询意见发表之后陆续制定和颁布其本国关于"区域"活动的专门立法。另外一些尚未制定相关法律、法规的国家，也通过照会等方式，积极向海管局提供有关立法计划、进程或者有关对"区域"活动采取必要管控措施的相关信息。根据海管局秘书处公布的最新资料，截至 2018 年 6 月，共有 31 国向海管局提供了本国相关立法信息或文本。③ 此外，还收到太平洋共同体提交的材料。目前，海管局秘书长根据海管局大会的要求，正在准备关于现有国家立法的比较研究报告，提炼国家立法中的共同要素。④ 有关研究报告预计于 2019 年提交海管局理事会审议。

二、中国参与国际海底活动所面临的形势

当前的国际海底制度发展处于何种历史方位，笔者有一个基本判断，就是当前的国际海底活动正处于从资源勘探向资源开发过渡的关键阶段，即开发活动迄未实施，"转段"尚未实现，勘探活动仍在继续。

一方面，国际社会、海管局和承包者仍致力于海底矿产资源的勘探，不断有新承包者加入，原有承包者在勘探合同到期后都申请了合同延期。另一方面，开发活动的准备工作处于加速期。勘探合同的主要承包者和担保国加大了人、财、物的投入，力图抢占开发先机。海管局也在做各方面的准备，包括积极推进开发规章制定。在这样一个历史阶段，国际海底事务的发展呈现出以下三个显著特点：

① 参见《国际海底管理局大会关于按照〈联合国海洋法公约〉第一五四条对"区域"国际制度所开展第一次定期审查的最后报告的决定》(ISBA/23/A/13)，B 节。
② 参见《国际海底管理局大会关于按照〈联合国海洋法公约〉第一五四条对"区域"国际制度所开展第一次定期审查的最后报告的决定》(ISBA/23/A/13)，E 节。
③ 31 国分别是：比利时、巴西、中国、库克群岛、古巴、捷克、多米尼加、斐济、法国、格鲁吉亚、德国、圭亚那、印度、日本、基里巴斯、墨西哥、黑山、瑙鲁、荷兰、新西兰、尼日利亚、纽埃、阿曼、韩国、俄罗斯、新加坡、汤加、图瓦卢、英国、美国和赞比亚。https://ran-s3.s3.amazonaws.com/isa.org.jm/s3fs-public/files/documents/compstudy-nld.pdf, last visited on 20 April, 2019.
④ 参见《国际海底管理局大会关于按照〈联合国海洋法公约〉第一五四条对"区域"国际制度所开展第一次定期审查的最后报告的决定》(ISBA/23/A/13)，E 节第 3 段。

第一,国际海底区域及其资源的战略地位大幅提高,各国围绕着"区域"及其资源的博弈在加剧,且这一形势在近年愈加突显。具体有以下表现:

一是各国对"区域"及其资源战略意义的认识在提高。越来越多的国家视"区域"及其资源为国家战略资源的宝库和战略发展的空间,把深海资源的勘探和开发作为提高其科技实力、推动相关产业跃升的重要契机和抓手。加拿大、①日本、②澳大利亚、③俄罗斯④等国均各自制定相应发展战略或计划,美国也提出了《能源与矿产资源科学战略 2013—2023》。

二是国际海底活动和事务的参与方大幅增加,"区域"及其资源成为热点问题。从海管局近年的届会出席的情况来看,出席率和各国的参与人数持续走高。同时,与国际海底相关的各类活动也大幅增加,包括举办开发规章制定、深海环境保护等各类研讨会等。近年来,海管局秘书长每年有大量时间是在出席包括上述研讨会在内的各类会议。海管局届会期间的边会数量明显增多,2018 年 7 月海管局第 24 届会议的边会更是达到 17 场之多。各方争相借举办边会发声,以塑造和影响国际海底事务的政策和各项工作的进程。

第二,国际海底各项机制运作良好,"区域"资源开发前景向好。具体体现为以下五个方面:

一是各国对海管局的认可度增加。与 1994 年海管局成立之初相比,目前,原本持怀疑态度的国家对海管局愈加信任,这从各国参会率和会费缴纳率可见一斑。据海管局现任秘书长迈克·洛奇的介绍,目前海管局的会费缴纳率已达 95% 以上。"区域"内活动所涉 20 个担保国中既包括英国、比利时这样的老牌发达国家,也包括像瑙鲁、汤加、库克群岛这样的发展中国家,还包括俄罗斯、中国、印度这样的新兴市场国家。

二是深海技术研发有所突破,并且各国仍在不断加大技术研发力度。2017 年,日本进行了 1 600 米海底硫化物采矿试验,在太平洋克拉里昂-克里

---

① 参见 https://www.nrcan.gc.ca/plans-performance-reports/201,最后访问日期:2019 年 4 月 20 日。

② 陈喜峰、陈秀法、叶锦华:"全球能源资源战略的日本经验",来源于 http://www.cgs.gov.cn/gywm/gnwdt/201807/t20180731_464288.html,最后访问日期:2019 年 4 月 20 日。

③ Cooperative Research Centre Program,来源于 https://crca.asn.au/about-the-crc-association/crc-program-australian-government/,最后访问日期:2019 年 4 月 20 日。

④ "2020 年前俄罗斯国家安全战略",来源于 http://publication.pravo.gov.ru/Document/View/0001201512310038,最后访问日期:2019 年 4 月 20 日;"至 2023 年的俄罗斯能源战略",来源于 https://minenergo.gov.ru/system/download-pdf/1920/69055,最后访问日期:2019 年 4 月 20 日。

伯顿区(C—C 区)进行了 5 000 米结核收集器试验。2018 年 9 月,中国五矿长沙矿冶研究院研制的海底多金属结核集矿系统首次完成 500 米海试。2019 年,德国和比利时也将进行海底采矿试验。

三是各方投入加大。包括一些私营公司,如著名的军火企业洛克希德·马丁公司、马士基公司等都高度关注并积极参与深海资源开发的研究工作。英国鹦鹉螺公司更是常年持续地从事深海资源开发活动。

四是随着经济发展和新兴市场对矿产资源需求的持续增加,海底资源对投资者的吸引力在增加。据测算,镍的陆地总储量约为 7 600 万吨,与 C—C 区海底结核所含镍的储量大致相同。钴陆地储量约为 700 万吨,等于或不及 C—C 区内结核所含储量。根据世界银行统计,金属镍的年需求量现在约为 200 万吨,到 2030 年将增加 50%。铜也有类似趋势。

五是进行国际海底资源开发所需的国际法规则在不断发展完善。2011 年,应海管局理事会请求,国际海洋法法庭海底争端分庭就"区域"内活动的担保国责任问题发表咨询意见,推动有关担保国责任的制度不断得以完善。2017 年,海管局公布框架相对完整的开发规章草案,并将开发规章制定工作纳入海管局工作的优先事项。

综上,国际海底资源开发所需的技术、社会、经济和法律等因素逐渐成熟。正基于此,不少业界人士认为,国际海底矿产资源的商业发开采前景总体向好,这与 20 世纪 90 年代《公约》刚生效时的情形形成鲜明对比。

第三,深海开发能力建设和开发规章制定成为各国争夺的重点和矛盾的焦点。一方面,各国都在不断强化深海能力建设,加强深海技术装备的研发,力图抢占开发先机,争取进入国际海底资源开发的第一梯队。另一方面,各国在开发规章的制订过程中相互角力,特别是承包者所属国、非洲和拉加集团、欧盟环保派国家三大阵营围绕国际海底资源开发准入标准、环境保护、资源分配规则三大问题展开复杂博弈。

以环境保护为例,欧盟环保派国家以及非洲集团等高举环保大旗,呼吁制定严格的环境政策和环保标准。2018 年版《开发规章草案》规定:保护和保全海洋环境应当适用预防性方法。① 对此,一些国家建议将"预防性方法"一词替换为"预防性原则",意在增强其法律性和约束力。这一提法当即引发理事会的广泛讨论。此外,海管局第 24 届会议期间,荷兰代表团向理事会提交题为

---

① 参见《"区域"内矿物资源开发规章草案》(ISBA/24/LTC/WP.1/REV.1),第 46 条。

《在国家管辖范围以外区域保护和养护海洋环境的现有措施、办法和行动概览》的文件,[①]意在提请理事会注意,在制定开发规章以及核准勘探或开发矿区申请时,法技委需要有效监督"区域"内发生的各种人类活动以及全面考虑相关区域内的全部海洋环保措施。[②] 该提案得到很多环保派国家的支持。不难预料,未来在制订具体环保标准的过程中,各方博弈将更为激烈。

三、中国参与国际海底事务的主要任务

从《公约》和《执行协定》的规定来看,各国在国际海底领域的任务可以归纳为一个核心和四大任务。

一个核心是实现国际海底区域及其资源是人类共同继承财产这个目标,将原则变为现实。具体而言,就是要实现开发海底资源并分享惠益。四大任务包括:一是开展"区域"内海洋科研和技术应用,以提高和深化我们对"区域"及其资源的认识。二是保护"区域"海洋环境。三是利用"区域"内矿产资源。四是参与"区域"国际治理。当前,中国参与国际海底事务的主要任务包括以下五个重要方面。

第一,积极参与开发规章的制定,争取于我国有利的制度安排。伴随国际海底活动从资源勘探逐步向资源开发过渡,制订国际海底资源开发规章成为海管局现阶段最重要的工作。根据理事会授权,法技委深入开展开发规章的研究和起草工作,并在吸纳海管局成员国和其他利益攸关方意见和建议的基础上不断推出新版开发规章草案。

中国政府、业界和学界为开发规章的起草积极研提意见、表达关切,维护我国在国际海底领域的制度性权利。2017 年 12 月,中国政府、中国大洋协会、中国五矿集团、国家海洋局海洋发展战略研究所、上海交通大学极地与深海发展战略研究中心(海管局观察员)和海管局法技委前委员李裕伟研究员分别向海管局秘书处提交关于开发规章草案的评论意见。2018 年9 月,中国政府和上海交通大学极地与深海发展战略研究中心针对开发规章草案修改版再次提交评论意见。以 2018 年 9 月中国政府的评论意见为例,中方从总体原则、框架结构和具体条款三个层次发表评论,就开发规章草案提出许

---

① https://ran-s3.s3.amazonaws.com/isa.org.jm/s3fs-public/files/documents/isba24c-15-ch.pdf,最后访问日期:2019 年 4 月 20 日。

② 参见《在国家管辖范围以外区域保护和养护海洋环境的现有措施、办法和行动概览》(ISBA/24/C/15)。

多实质性意见。①

关于总体原则，中国政府提出，开发规章应在现有基础上增加两项基本原则：一是确保勘探和开发"区域"内资源与保护和保全海洋环境的合理平衡；二是确保"区域"内活动与其他海洋活动的相互顾及。

关于规章草案的框架结构，中国政府认为，开发规章应纳入惠益分享机制，应详细规定企业部独立运作的有关问题，应对区域环境管理计划作出规定，同时还应顾及不同国际海底矿产资源的差别。

2019 年 3 月，法技委公布了最新一版开发规章草案。草案在总体原则和框架结构上相较之前已有很大改进，但仍有进一步完善的空间。目前，最新版开发规章最大的不足是将开发规章定位为开发活动的管理法，而未涉及资源分配法，这就使得人类共同继承财产原则无法通过开发规章得以落实。虽然对人类共同继承财产原则的认识存在不同，但一般认为其具有四个要素，分别是禁止据为己有、共同管理、利益分享以及和平目的。作为落实人类共同继承财产原则的规则，开发规章不谈利益分享问题，其在内容上是不完整的。因此，中国政府针对开发规章框架问题提出的一项重要意见就是要增加惠益分享机制。这是开发规章制度设计最难的部分，但也是最不可或缺的部分。

第二，推动国际海底制度定期审查报告和海管局五年战略计划的落实。2015 年，海管局启动首次国际海底制度定期审查程序，并于 2017 年正式通过了定期审查最终报告。该报告提出了 19 项建议，包括制定海管局战略计划、加强海管局工作透明度、加强数据管理等，获得各方积极评价和原则支持。下一步如何落实这 19 项建议是各方工作的重点。

根据审查报告的建议，制定战略计划就是海管局落实定期审查报告要求所开展的工作之一。2018 年，海管局大会第 24 届会议通过了《国际海底管理局 2019—2023 年期间战略计划》，②这是海管局历史上第一个战略计划。该计划提出了 8 个方面的战略方向，分别是在全球背景下实现海管局的作用、加强"区域"内活动的监管框架、保护海洋环境、促进并鼓励"区域"内的海洋科学研究、发展中国家能力建设、确保发展中国家综合参与、改善海管局的组织业绩

---

① 参见"中华人民共和国政府关于〈'区域'内矿产资源开发规章草案〉的评论意见"，来源于 https://ran-s3. s3. amazonaws. com/isa. org. jm/s3fs-public/documents/EN/Regs/2018/Comments/China. pdf，最后访问日期：2019 年 5 月 13 日。

② 参见 https://www.isa.org.jm/sites/default/files/files/documents/isba24_a4-en.pdf，最后访问日期：2019 年 4 月 20 日。

以及透明度承诺。它代表了未来一段时间国际海底事务的发展方向。

第三,积极推动制定西北太平洋区域环境管理计划。2012 年,海管局理事会通过《有关克拉里昂-克利珀顿区环境管理计划的决定》,确立了国际海底区域首个区域环境管理计划。2018 年 5 月,中国大洋协会与海管局联合举办西北太平洋区域环境管理计划研讨会,并在 2018 年 7 月海管局届会和同年 9 月的国家管辖范围以外区域海洋生物多样性养护和可持续利用(BBNJ)国际协定谈判政府间大会第一次会议期间,分别举办两场边会介绍有关情况和初步成果,国际社会反响积极。

中国政府在两次边会的举办过程中,主要向国际社会传达了三个观点:一是做好区域环境管理计划与开发规章相关环境条款的衔接。开发规章应适当增加和丰富有关区域环境管理计划的规定,可以从战略层面加强对深海环境的保护。二是开发规章设立区域环境管理计划应与拟议中的 BBNJ 国际协定谈判相协调,共同促进深海资源养护和可持续利用目标的实现。三是充分发挥海管局在实施区域环境管理计划的引领作用与各国及其承包者的主体作用,这也是《公约》第 145 条和第 192 条规定的应有之义。

推动制定区域环境管理计划,一方面,有利于提高中国在"区域"环境问题上的话语权和影响力,主要是规则塑造的能力;另一方面,也彰显了中国在"区域"内活动国际治理方面发挥的引导作用。

第四,现有勘探合同履约和延期问题,以及新矿区申请问题是下步工作重点。一是现有勘探合同承包者履约情况引发关注。2018 年 3 月,海管局第 24 届会议第一次理事会会议期间,法技委主席报告反映一些承包者未能遵守勘探工作计划,海管局为此准备专门文件供理事会审议。同年 7 月在海管局届会期间,勘探合同承包者履约情况引发广泛关注。非洲集团、拉加集团等主张严格监管承包者履约情况,要求担保国每年提供其履行担保责任的相关信息。

二是合同再次延期面临巨大压力。2016 年和 2017 年,包括中国大洋协会在内的首批勘探合同承包者在合同到期后获得五年延期,但相当一部分国家对此表示不满。目前的 29 份勘探合同中,有 21 份是在 2011 年后签定的。考虑到合同有效期为 15 年,这些合同的承包者在短期内不会面临合同延期问题,与首批承包者的境遇迥异。不难预料,在非洲集团和拉加集团希望早日开发、早分收益的背景下,首批承包者在其已获五年延期的勘探合同到期后,如仍不能转入资源开发并且再一次申请合同延期,其获得批准的难度很大。

三是未来新勘探矿区申请还将面临反垄断、环境标准提高等重要挑战。

法技委审议新矿区申请时，一直密切关注两个问题：一是反垄断；二是环境标准。特别是 2017 年以来，整个海管局对上述两个问题的关注度均持续增加。未来，中国有关实体想要获得勘探矿区，必须妥善应对这两个问题。

第五，关注稀土资源勘探规章的制定并做预研。稀土大量被应用于高科技、新材料、新能源等领域，世界每六项科学创新就有一项与稀土有关，被誉为"工业味精"，尤其是重稀土。我国一直是稀土生产和出口大国，在国际市场占有重要地位，曾经供应 97％以上的需求。随着需求量的逐年增加和价格走高，日本等国想摆脱对中国稀土的依赖，便将目光转向深海。2011 年，日本科学家 Yasuhiro Kato 等人提出，太平洋深海沉积物中存有丰富的稀土元素，并且初步估算太平洋深海沉积物中稀土元素的资源量可能超过目前陆地上稀土氧化物的总储量。[1] 随着对海底稀土资源探矿的深入，可能出现针对海底稀土资源制定勘探规章的呼声，其亦有可能成为海管局下阶段工作的重点。我国有必要在多个方面提前做好工作，例如，启动稀土资源的探矿活动、制定稀土资源勘探规章前预作研究等。

四、未来中国参与国际海底事务的工作思路

关于未来我国参与国际海底事务的工作思路，主要可概括为两个方面：内强实力和基础，外塑形象和制度。

（一）内强实力和基础

一是要提高对"区域"及其资源的认识。要从战略高度认识"区域"及其资源的重要性，充分认识到深海是国家的战略资源、战略空间和参与国际治理的重要平台。

二是要加强深海活动的能力建设。在目前国际海底活动正从资源勘探向资源开发过渡的阶段，我国应以资源开发准备为核心开展各项工作，特别是要加大对资源开发的投入，提高各方面的能力，包括深海开发、科研、技术装备、支持保障、人才培养、环境技术、规则制定和运用等方面的能力。应以首批进入海底资源开发为目标，整合国内优势力量，利用市场和国家两种手段联合技术攻关。

三是建立一整套与深海资源开发相适应的机制、政策和法律。国内的政策制定和制度设计要向鼓励承包者首批进入深海资源开发倾斜，为我国承包

---

[1] Kato, Yasuhiro, et al. "Deep-sea mud in the Pacific Ocean as a potential resource for rare-earth elements." *Nature Geoscience* 4.8(2011): pp.535 – 539.

者尽早实现深海资源开发提供政策支持和制度保障。

(二)外塑形象和制度

就是从我国的总体外交政策以及在国际海底区域的实际利益出发,积极塑造对我国有利的国际海底制度安排,并树立负责任的大国形象。具体需做好以下五点:

一是找准中国的独特定位。在国际海底领域,阵营划分与其他领域有所不同,实际上是突破了传统政治安全阵营的界限。不仅如此,各阵营之间、各国之间也是利益交织、合纵连横。中国属于第三世界国家,也属于拥有潜在深海资源开发实力的国家,因此,我国在国际海底领域的定位是独特的,既不同于发达国家,也不同于发展中国家。如何在不同的阵营之中找准中国定位,实现各阵营利益的平衡是我们面临的新问题、新挑战。

二是高举维护共同利益的旗帜。统筹考虑我国的国家利益和国际社会的整体利益,特别是要妥善处理与其他发展中国家的利益分歧,寻找各国利益的共同点,实现共赢。2018年7月25日,习近平主席在金砖国家工商论坛上发表《顺应时代潮流 实现共同发展》重要讲话时指出:"不管是创新、贸易投资、知识产权保护等问题,还是网络、外空、极地等新疆域,在制定新规则时都要充分听取新兴市场国家和发展中国家意见,反映他们的利益和诉求,确保他们的发展空间。"当然,这并不意味着不顾中国利益,我们是要在实现中国利益的同时,争取实现其他国家在国际海底区域的共同发展,实现"义利兼顾"。

三是积极探索"区域"内活动的国际合作方式。包括与发达国家的合作,同时还要积极探索与非洲国家、小岛屿国家等在勘探申请、资源开发等领域的合作方式。通过合作塑造共同利益。

四是坚持依法行事。在国际上,要严格遵守《公约》《执行协定》和三个勘探规章,依法承担担保国责任,严格履行勘探合同义务。在国内,要不断推进有关建章立制和制度实施工作,强化对我国所从事"区域"内活动的监管,确保有关活动依照《深海海底区域资源勘探开发法》以及与该法配套的《开发许可管理办法》《开发样品管理暂行办法》和《开发资料管理暂行办法》等法律、法规和规章进行。

五是处理好以下关系:① 勘探和开发准备两手并举。不仅要继续做好勘探工作,加强履约能力,还要不断加强深海资源开发准备工作;② 保持利用与保护的平衡。既要坚持长期可持续的合理利用,又要切实重视环保工作,高举环保大旗,坚守国际道义,以建设性姿态参与国际海底事务。

　　随着国际海底活动逐步转向资源开发的新阶段，国际海底制度酝酿新发展，中国在国际海底领域也面临着新挑战、新机遇。中国作为世界上最大的发展中国家，作为"区域"内活动的先驱投资者，作为目前勘探矿区数量最多、面积最大、勘探资源种类最全的深海大国，有能力为国际海底制度的发展作出新的贡献，有能力实现从深海大国向深海强国的历史跨越。中国坚定维护和建设以"人类共同继承财产原则"为基础的国际海底制度。中国在国际海底领域不断增强话语权和影响力，不断提升国际地位和形象，不仅符合中国自身的利益，也符合国际社会整体利益。

The Development of International Seabed Regime:
Status quo and the Future
MA Xinmin

Abstract: The international seabed area (the "Area") is a new frontier for human activities and international governance. The 1982 United Nations Convention on the Law of the Sea (the "LOS Convention") and the 1994 Agreement relating to the Implementation of the Part XI of the LOSC (the "1994 Agreement") together outline the international seabed regime. The deep seabed regime was gradually detailed after then. The International Seabed Authority (ISA) has enacted several regulations for the exploration of mineral resources in the Area. The Seabed Disputes Chamber of the International Tribunal for the Law of the Sea was requested for the advisory opinions on responsibilities and obligations of States sponsoring persons and entities with respect to activities in the Area. The current international seabed regime includes the cardinal principle of common heritage of mankind applied to the Area and its resources, the "parallel system" of exploring and exploiting mineral resources in the Area, dispute settlement with respect to activities in the Area, and the regime of pioneer investors. The activities in the Area is in the era of transition from resource exploration to exploitation. For now, no commercial exploitation is taking place and deep seabed mining remains a frontier industry. However, the pace of activity has increased over the past several years. China needs to elevate the capacity and solidify the domestic foundations. Meanwhile, China should improve the international image through affairs concerning the Area.

Key Words: The Area; International Deep Seabed Regime; Common Heritage of Mankind

【参考文献】

[1] Gwenaëlle Le Gurun, "Some Reflections on the Evolutionary Approach to the Establishment of the International Seabed Authority", *Peaceful Order in the World's Oceans*, edited by Michael W. Lodge and Myron H. Nordquist. Leiden, Netherlands: Brill Nijhoff, 2014.

[2] Kato, Yasuhiro, et al. "Deep-sea mud in the Pacific Ocean as a potential resource for rare-earth elements." *Nature Geoscience* 4.8(2011).

[3]《中华人民共和国政府关于〈"区域"内矿产资源开发规章草案〉的评论意见》(2018 年 9 月 28 日)。

[4]《关于执行 1982 年 12 月 10 日〈联合国海洋法公约〉第十一部分的协定》。

[5]《国际海底管理局秘书长根据〈联合国海洋法公约〉第一六六条第 4 款提交的报告》(ISBA/6/A/9)。

[6]《理事会关于"区域"内多金属硫化物探矿和勘探规章的决定》(ISBA/16/C/12)。

[7]《国际海底管理局理事会的决定》(ISBA/17/C/20)。

[8]《理事会关于法律和技术委员会主席总结报告的决定》(ISBA/18/C/21)。

[9]《理事会关于"区域"内富钴铁锰结壳探矿和勘探规章的决定》(ISBA/18/C/23)。

[10]《大会关于根据〈联合国海洋法公约〉第一五四条对"区域"国际制度进行第一次定期审查的决定》(ISBA/21/A/9/Rev.1)。

[11]《关于国际海底管理局按照〈联合国海洋法公约〉第一五四条的规定定期审查"区域"的国际制度情况的最后报告》(ISBA/23/A/3 附件)。

[12]《国际海底管理局大会关于按照〈联合国海洋法公约〉第一五四条对"区域"国际制度所开展第一次定期审查的最后报告的决定》(ISBA/23/A/13)。

[13]《"区域"内勘探合同现状》(ISBA/24/C/5)。

[14]《在国家管辖范围以外区域保护和养护海洋环境的现有措施、办法和行动概览》(ISBA/24/C/15)。

[15]《"区域"内矿物资源开发规章草案》(ISBA/24/LTC/WP.1/REV.1)。

[16] 陈喜峰、陈秀法、叶锦华:"全球能源资源战略的日本经验",来源于 http://www.cgs. gov.cn/gywm/gnwdt/201807/t20180731_464288.html,最后访问日期:2019 年 4 月 20 日。

学术争鸣

中日海洋权益争议的法理透析

郁志荣　董法强 *

摘　要：近年来，中日紧张关系得到大幅度改善。其主要表现在：两国首脑多次接触并举行会谈，避免了过去不相往来的尴尬局面；两国高官互访频繁，为改善两国关系和增进双方的了解互信起到了积极的推动作用；中日海洋事务高级别磋商恢复，频率增加、议题拓宽、成效显著；在中日邦交正常化45周年以及和平友好条约缔结40周年之际，中日两国的民间交往交流也十分活跃。特别是民间智库之间的交流非常接地气，为改善中日关系、加强中日海洋危机管控以及促进海洋领域合作起到了不可替代的作用。2018年，中日海洋专家学者之间的交流交往十分频繁，通过研讨会以及意见交换等形式直接对话，解疑释惑，加深了彼此了解，增进了相互间的友谊，为解决两国海洋权益争端方面存在的老大难问题，以及一些新出现的实质性问题创造了良好的条件和环境。通过双方研讨和对话，日方对承担常态化巡航任务的中国海警局转隶问题、对中日东海资源开发达成原则共识的落实问题，以及对中日岛争危机管控如何实现"长治久安"等问题，取得了共识。这对中日关系进一步改善、促进中日关系继续健康发展具有良好的推动作用和促进作用。

* 郁志荣，浙江海洋大学特聘教授。主要研究方向：国际海洋法。邮箱：yuzhirongdhzd@163.com；董法强，大连海洋大学航海与船舶工程学院硕士研究生。主要研究方向：海洋资源捕捞、渔船安全管理。邮箱：793641977@qq.com。

关键词：*中日；海洋权益；争议；法律透析*

近几年，通过中日双方政府以及国民的努力使中日紧张关系得到大幅度改善。双边关系改善的主要表现为：一是首脑会晤和会谈频繁。自从 2014 年 11 月在北京举行 APEC 会议期间会晤以来，两国首脑利用一切机会进行接触和举行正式会谈。一改过去双方领导人无法谋面而进行所谓"走廊外交""邂逅外交"等的尴尬局面。二是两国高层互访连续不断。中方李克强总理、国务委员杨洁篪以及国务委员兼外交部部长王毅先后访问日本；日本外务大臣河野太郎、公明党党首山口那津男、自民党干事长二阶俊博以及安全保障局局长谷内正太郎等也相继多次访华，高层互访对加速双边关系改善起到了促进作用。三是高级别海洋事务磋商成效显著。从 2014 年在青岛恢复第二次中日海洋事务高级别磋商以来，每年在华或在日举行一至两次会议，2018 年 12 月，在浙江乌镇举行了第十次海洋事务高级别磋商。例行性海洋事务磋商卓有成效、硕果累累。2018 年 5 月，李克强总理访日签订的海空联络机制协议，以及安倍首相 2018 年 10 月访华时签订的海上搜救协议都是在磋商会上讨论和确定的事项。除此之外，在海洋事务高级别磋商会上双方还商讨了中日海洋环保、海洋地质、海洋调查、海洋渔业等领域的合作事宜，相信在不久的将来将其转化为成果。四是中日两国的民间交流交往不断创新高。2017 年正值中日邦交正常化 45 周年，2018 年又是中日和平友好条约缔结 40 周年。中日民间互访交流交往活动十分活跃、持续不断。据统计，2018 年中国国民赴日旅游人数猛增到 838 万人次，同比增长 13.9%，是 2013 年的 6 倍以上。双方智库的交流交往等互动也创历史新高。人数之多，领域之广，程度之深，实属罕见。中日智库对缓和中日紧张关系，促进两国在各领域的合作起到了积极的推动作用。尤其是对东海安全以及岛屿争端的危机管控发挥了直接影响。中日海洋专家学者通过学术研讨以及"意见交换"等形式直接对话解疑释惑，消除双方疑虑和可能产生的误会，使东海海洋权益争端继续处于可控范围。日方对解决东海海洋争端问题，存在以下疑虑：

一、中国海警局究竟是军还是警？

自 2018 年 7 月 1 日起，承担常态化巡航执法任务的中国海警局由原国家海洋局领导转为军委领导的武警部队下属的一支武装力量。日方对此高度重视、密切关注、十分警惕。通过各种渠道收集中国海警局转隶的有关信息进行研判,并召开中日海洋专家"意见交换"会议,以清晰中国海警局的属性及其职能。2018 年 3 月出台的《深化党和国家机构改革方案》明确规定:海警队伍转隶武警部队。按照先移交、后整编的方式,将国家海洋局领导管理的海警队伍及相关职能全部划归武警部队。2018 年 6 月 22 日,全国人民代表大会常务委员会公布了《关于中国海警局行使海上维权执法职权的决定》,接着 7 月 1 日中国海警局正式转隶。为数不少的人认为既然是转成军委领导下的武装警察部队下属的一支武装力量,属于军队毋庸置疑。关于中国海警局究竟是军是警的问题,在中日海洋专家"意见交换"会上,双方通过问答形式进行了深入讨论,有了明晰的结果。

(一)中国海警是军是警,它与中国海军有何区别?

根据《深化党和国家机构改革方案》和《关于中国海警局行使海上维权执法职权的决定》(以下简称《决定》),可以将中国海警局概括为军队编制警察职能。但是,海警与海军有严格的区别,不能混为一谈。如表 1 所列,海警和海军职能不同、任务不同、属性不同,因此,相互不能交叉、不能替代、不能转换,它们之间是军警关系。

表 1　中国海警与中国海军的诸元对照表

名　称	中 国 海 军	中 国 海 警 局
属性	军队	海洋警察
依据	国防法	行政法规
任务	国土安全	海洋维权
对象	反击侵略	取缔违法
武备	配备重武	配备轻武器
载体	舰船军机	执法船机
流程	执行命令	委托执法
国际	美国海警	日本海保厅

(二)海军少将任海警局司令是否海军海警一家?

中国海警局是一支新生的海上武装力量,属于军委领导的武警下属部队。但是,它履行的是海洋行政执法职能,行使的是海洋警察权限。国防部发言人已经证实,中国海警局转隶武警,转隶后海上维权执法的属性没有改变,中国涉海问题的原则与立场没有改变。此外,由于作为运载工具的舰船、执行任务所需的装备技术性能、行使职能的人员素质完全不同,因此,海军与海警之间瞬间职能转换和任务替代是不可能的。战时动员,中国海警局与海上民兵预备役以及被征用民船一同参战,配合海军作战再当别论。王仲才被任命为海警局司令,其目的并非要改变中国海警局的职能,而是出于中国海警这支队伍履行职能以及发展壮大的需要。王仲才司令有当过舰长和飞行员,出任过亚丁湾护航总指挥的经历,具有远洋航海组织指挥能力,以及国际交往交流的丰富经验,他作为海警局带头人是不可多得的综合性、多功能的不二人选。

(三) 在人大制定修订法律之前海警执法是否无法可依?

中国海警局行使法律规定的有关行政机关相应执法职权。由此可见,中国海警局的海上维权执法是由法律授权的主体,即各行政机关委托的,即委托执法。正如日本海上保安厅在海上实施渔业执法一样,它是接受日本《渔业法》授权的主体——水产厅的委托。中国海警局实施巡航的法律依据在《决定》中未提及,但是,国防部新闻发言人证实,海警队伍整体划归武警部队,调整领导指挥体制,统一履行海上维权执法职责,没有改变海警基本任务的属性,也没有改变中方在相关涉海问题上的原则立场,因此,可以认为,原来在国家海洋局领导下中国海警局有实施巡航的依据,即国务院 2006 年 3 月批准的《定期维权巡航执法制度》依然沿用。因此,在制定和修订法律之前,不存在中国海警局海上维权执法无法可依之说。

(四) 中国海警局转隶是否存在"先编后法"的逆向操作问题?

中国海警局这个机构,早在 2013 年 3 月 14 日由中编办宣布成立,同年 7 月 22 日挂牌正式开始运作。它并非是一个新成立的海上维权执法机构,不存在"先编后法"之说。1983 年 3 月 1 日,中国现代海洋管理意义上的第一部海洋法律——《海洋环境保护法》施行,依据法律赋予职能的各行政机关成立了专门从事海洋行政执法的机构,其中,就有国家海洋局领导下的中国海监。2006 年 3 月,国务院批复国家海洋局关于建立《定期维权巡航执法制度》的申请,国务院"三定方案"明确由中国海监承担全部管辖海域的海洋维权执法任务。2013 年 3 月 14 日宣布成立中国海警局,其中,包括中国海监、中国渔政、公安海警以及海关缉私等四支队伍,由原来中国海监一支队伍拓宽到"四合一",标志着海洋维权执法队伍的壮大。显然,先有海洋维权巡航制度,后宣布成立执法机构,第一次变更只是由小变大,第二次变更则是中国海警局变更了领导机关,不存在"先编后法"之说。

（五）海警局转隶排除海事局未统一海上执法队伍？

原来有人说中国海洋行政执法是"五龙治海"，现在"五龙"变成了"两龙"，即中国海警局和中国海事局。改革之前，我国有关部门专程出访日本、美国等一些发达的海洋国家，考察包括海洋执法在内的海洋管理体制，吸取了诸多有益的经验和长处。但是，中国有自己的国情，"他山之石可以攻玉"并不意味着一定要照搬他国的经验和成功做法。"五龙"变"两龙"本身就是一个进步，至少向海上统一执法队伍迈进了一大步，海洋执法机构改革如果条件成熟可以一步到位，如果条件不成熟或不够成熟可以分步实施。相信此次海洋执法机构改革顶层设计是经过深思熟虑的，"五龙合一"的条件没有完全成熟也不必勉强，海洋行政执法机构改革比较复杂，有一个过渡期，可以分步实施，循序渐进，这是一种科学、务实的态度无可非议。

（六）中国海警船只武器装备大型化有悖中日岛争危机管控？

中国海洋管理体制，尤其是海洋执法体制基本学习日本海上保安厅的模式。20世纪八九十年代国家海洋局下属三个分局一度成立管区，完全仿效海上保安厅等距离设置海上行政执法机构。中国海警局建造和引进万吨执法船，以及配备76毫米机关炮原则上也是向日本海上保安厅执法体制学习的结果。日本海上保安厅根据不同的任务以及任务海域距离远近使用不同吨位的巡视船，其拥有PC、PS、PM、PL、PLH等小、中、大的巡视船，吨位由小到大的船只数量呈金字塔形状，大吨位的巡视船数量非常少，3 200吨级的巡视船平均每个管区只有一、二艘，诸如"敷岛"和"瑞穗"等6 500吨级以上的特大型巡视船更是寥寥无几。目前，中国海警局的万吨级执法船也只有一二艘。在执法船上安装76毫米机关炮，是设计者基于武备与船舶吨位之间的匹配，中国海警局可以应邀执行域外打击"海盗"任务以及出于未来形势发展需要等考虑。中国海警局船舶和武器装备大型化是实力成长壮大的明显标志，与中日岛争危机管控完全不矛盾，而是呈正比例的。

（七）日方为何纠结中国海警局是"军"还是"警"？

日方纠结中国海警局究竟是军还是警的主要有以下三方面的原因：

其一，日方声称不接受岛争海域中方的军事存在。一名防卫省研究员在研讨会上毫无顾忌地公开声称：日方不能接受中方在"尖阁"诸岛争议海域的军事存在。中国海警若是军队，其执行常态化巡航执法任务便是军事行动，日方无法接受。

其二，日本领海警备与海上警备行动有所不同。日本海上保安厅的"领海警备"与海上自卫队的"海上警备行动"有着本质区别,前者是作为海洋警察的执法行为,后者是作为海上自卫队的海上攻击行动。中国海警若是军队属性其行为便是军事行动,由自卫队代替海上保安厅应对。

其三,担心中国海警与海军职能相互转换。有人认为,中国海警与中国海军同属中央军委领导,可理解为两者是一家。必要时海警可转为海军,海军可替代海警执行常态化巡航。对此,日方不能接受。

二、中日东海资源开发原则共识未能落实的原因

众所周知,十多年以前中日双方宣布,为将东海建设成和平、合作、友好之海,根据两国领导人达成的共识,经过认真磋商,一致同意在实现划界前的过渡期间,在不损害双方法律立场的情况下进行合作。根据中日双方共同发表的《中日关于东海共同开发的谅解》,作为中日在东海共同开发的第一步,双方将在一个协商确定的区块内,经过联合勘探,本着互惠原则,在上述区块中选择双方一致同意的地点进行共同开发。双方将努力为实施上述开发履行各自的国内手续,尽快达成必要的双边协议。双方同意,为尽早实现在东海其他海域的共同开发继续磋商。双方还达成了关于日本法人依照中国法律参加"春晓"油气田开发的谅解。具体表述为:中国企业欢迎日本法人按照中国对外合作开采海洋石油资源的有关法律,参加对"春晓"现有油气田的开发。中日两国政府对此予以确认,并努力就进行必要的换文达成一致,尽早缔结双方为此履行必要的国内手续。

日方多次敦促中方重启东海资源共同开发,2018 年 12 月在浙江乌镇举行的第十次中日海洋事务高级别磋商会上也提及此事,会后的公告中称:双方确认坚持 2008 年东海问题原则共识,同意进一步加强沟通交流。为数不少的日本海洋专家学者提出疑问,为何东海原则共识迟迟得不到落实? 笔者认为主要有以下三方面原因:

(一)落实原则共识的环境条件被破坏

2008 年 6 月 18 日中日东海原则共识公布之后,中方政府部门积极响应做了诸多的准备工作。国家海洋局东海分局主动组织东海环境监测中心,对预定共同开发区设定监测点按照规范要求进行海洋环境本底调查,以便在海底资源开发以后进行海洋环境对照。但是,期间日方先后故意制造了钓鱼岛领土主权争端事件。一起是 2010 年 9 月 7 日,日本海上保安厅多艘巡视船故意冲撞我国在钓鱼岛附近海域正常捕捞作业的福建渔船"闽晋渔 5179"号,非法

登临检查,扣押渔船和渔民,并逮捕船长詹其雄,还扬言以违反《渔业法》要予以判刑。事后,日本官方还公开向中方索赔碰撞损坏巡视船的修理费用。另一起是 2012 年 9 月 10 日,时任日本首相的野田佳彦与东京都知事石原慎太郎一起,上演了购岛国有化的闹剧,严重破坏了中日之间的良好关系。中日东海共同开发原则共识是基于两国良好关系,通过友好协商在互谅互让的基础上,作为划界之前临时安排达成的。此举是超越法律约束的,破坏两国关系紧密、双方友好的标志和体现,日方制造上述两起恶性事件,严重破坏了落实东海资源共同开发原则共识的环境氛围和客观条件。

(二)中日对原则共识认识存在差异

中日东海共同开发是两国领导人达成的原则共识,俗称"君子协议",可以将其定义为"政治决断",落实政治决断需要相应的政治环境和条件匹配。但是,日方将两国领导人达成的东海资源共同开发的原则共识理解为"条约"性质,强调具有法律约束力,以此来批评和追究中方的责任。就在意见交换会上,有日方学者列举相关法律条款,并以"加纳与科特迪瓦海洋边界争端案"为例,指责中方就落实东海资源共同开发原则共识抱消极态度。这种认识是完全不正确的。从本质上讲,完全不能将双方领导人通过友好协商达成的原则共识,与双方签订的条约和协议画等号,以此来追究对方的责任。如果日方不改变此种认识,势必双方的分歧会越来越大,不但将推迟落实原则共识的进程,而且很可能最终无法实现预定目标。类似这种国家间的重大海洋合作项目应履行法律程序,由我国政府有关部门提请人大常委会审议通过,批准后方可实施。

(三)中日对原则共识内容理解存在分歧

原则共识推迟落实的另一个原因是中日双方对原则共识的具体内容在理解上大相径庭,存在较大分歧。中方对外公布的原则共识,除了对双方一致同意的地点进行共同开发之外,中国企业欢迎日本法人按照中国对外合作开采海洋石油资源的有关法律,参加对"春晓"现有油气田的开发。然而,日方坚持认为上述两个地方必须都是共同开发,如果中方单独开发"春晓"油气田,日方将采取措施。由于日方的强烈干扰和坚决阻止,导致中方"春晓"油气田未能如期正常开发,造成巨大的经济损失,并产生负面效应。至今,日方还每天出动反潜巡逻机飞临中方东海油气田上空进行侦察和干扰,一旦发现"风吹草动"就向中方进行外交交涉或提出所谓的抗议。2010 年 1 月 17 日,时任中国外交部部长的杨洁篪与日本外相冈田克也在东京谈判时就对原则共识存在较大的意见分歧,日本官房长官菅义伟就"春晓"油气田开发向中方提出抗议。日方抗议中方开发"春晓"油气田是基于"中间线"划界主张。尽管中方反复声明不接受不承认日方以"中间线"划界的主张,并谴责中川昭一酒后提出"吸管效应"的假说,但是,日方始终坚持错误观点阻挠中方开发"春晓"油气田。这一僵局如果不打破,东海原则共识要付诸实施就十分困难。其实,"春晓"油气田所在的海域是早已被日方承认的中国管辖海域。2002 年 4 月 18 日,中日两国外交部门在北京就打捞被击沉于东海的朝鲜工作船进行谈判,日方同意中方提出的四点意见。其中,第一条就是承认沉船点是中国管辖海域,据此位于沉船点西南大约 60 海里的"春晓"油气田,即使中日不进行东海划界谈判,这里无疑也是属于中国的管辖海域。

三、中日岛争危机管控如何实现"长治久安"

当下,中日政府都十分赞成并致力于岛屿领土主权争端的危机管控,目的是要使争端不影响中日关系发展的大局。但是,中日岛争危机管控究竟能维持多久,危机管控建立在何种基础上才能"长治久安"。两国间一有风吹草动马上就会矛盾激化,争端升级,双边关系就会重蹈覆辙,跌入低谷。20 世纪 70 年代初,实现中日邦交正常化前夕,日方首脑提出如何解决钓鱼岛问题,中方领导人回答得非常干脆"暂且放一放"。1978 年,邓小平副总理访日期间,对解决中日岛争问题提出了"搁置争议,共同开发"的八字方针。当时许多国人想不通,以为我国在领土主权大是大非问题上态度暧昧,立场不坚定。日方也以为中方"理亏"而懦弱,于是有恃无恐、得寸进尺,不断挑衅中方岛屿的领土主权。直到 2010 年发生"9·7"渔船事件以及 2012 年"9·10"购岛国有化事件之后,日方才真正懂得中方对主权领土问题历来毫不含糊,一贯态度坚决、立场坚定。中国领导人对中日岛争的原因看得非常清楚,对争端实质十分了解,解决问题的思路相当深远。中日岛争明显是美国故意制造的陷阱,美国并非真正要帮助日本夺得岛屿领土,否则,不会只归还"施政权",主权问题由双方自行讨论解决;其目的是要挑起亚洲两个大国之间的矛盾,如果中日世世代代友好下去不仅对双方发展有利,而且对振兴亚洲和平发展必将作出贡献,届时美国在亚太地区就没有了立足之地。所以,美国 50 年前就利用岛争给中日之间打下了楔子,当中日睦邻友好和平共处之时它就要点火,挑拨双方争吵。一旦发生争吵,到了剑拔弩张,一触即发不可收拾的地步,美国又主动出面调停,充当老大,装作好人。无论是"9·7"渔船事件,还是"9·10"购岛国有化事件,最终出面收拾"残局"的都是美国。从这两起事件中,中日双方都应该清楚地看到,美国才是挑起中日岛争的真正元凶,至今还是左右中日岛争的幕后策划者。美国根本不是要为日本争取领土主权,而是为日本找到一个制衡它的对手。严格地讲,日俄领土争端、日韩领土争端,背后都有美国的影子。美国鼓吹其所谓的"软实力",其实质就是通过挑拨当事国之间的矛盾,来达到其不可告人之目的。

中日岛争危机管控的目的是进一步改善两国关系促进其健康发展;危机管控的意义在于揭穿和破除美国利用岛争破坏中日关系的阴谋;危机管控的作用在于加强中日两国紧密合作为地区乃至全球和平发展做贡献。

Legal Analysis of Disputes over Marine Rights and Interests between China and Japan

YU Zhirong   DONG Faqiang

Abstract: In recent years, tensions between China and Japan have greatly improved. Its main manifestations are as follows: the leaders of the two countries have contacted and held talks for many times, frequent visits by senior officials of the two countries have played a positive role in improving bilateral relations and enhancing mutual understanding and trust between the two sides; resumption of high-level consultation on ocean affairs between China and Japan, broadening the frequency of issues and achieving remarkable results; and ushering in the Sino-Japanese diplomatic relations. On the occasion of the 45th Anniversary of normalization and the 40th anniversary of the conclusion of the Treaty of Peace and Friendship, civil exchanges between China and Japan are also very active. Especially, the two-track exchanges between private think tanks have played an irreplaceable role in improving Sino-Japanese relations, strengthening the management and control of Sino-Japanese marine crisis and promoting cooperation in the marine field. In the special year of 2018, the exchanges between Chinese and Japanese marine experts and scholars are very frequent. Through direct dialogues, such as seminars and exchange of views, we have deepened mutual understanding and enhanced mutual friendship, and created good conditions and environment for resolving the old and difficult problems existing in the disputes over maritime rights and interests between the two countries, as well as some emerging substantive issues. Through discussions and dialogues between the two sides, Japan has reached consensus on the transfer of China Maritime Police Bureau, which undertakes the normal cruise mission of Diaoyu Island, the implementation of the principle consensus on the development of resources in the East China Sea between China and Japan, and how to achieve "long-term stability" in the crisis management and control over the Sino-Japanese Island dispute. This will further improve Sino-Japanese relations and promote the healthy development of Sino-Japanese relations.

Key Words: China and Japan; Maritime Rights and Interests; Disputes; Legal Analysis

【参考文献】

［1］ 新华社：“中共中央印发《深化党和国家机构改革方案》”，来源于 http://www.cidca.gov.cn/2018-03/21/c_129927132.htm，最后访问日期：2019 年 3 月 20 日。

［2］ 郁志荣：“正确认识新建中国海警局属性刻不容缓”，来源于 http://www.charhar.org.cn/newsinfo.aspx?newsid=13418，最后访问日期：2019 年 3 月 21 日。

［3］ 罗国强：《〈中日东海问题原则共识〉与东海共同开发——结合钓鱼岛与防空识别区问题的讨论》，载《法学论坛》2015 年第 1 期。

［4］ 徐静波：“看日本媒体如何报道‘中国渔船事件’”，来源于 http://blog.sina.com.cn/s/blog_4cd1c167010ol6fi.html，最后访问日期：2019 年 3 月 20 日。

［5］ 孙佳斌：《中日东海问题实质及海域划界问题研究》，载《世界地理研究》2010 年第 3 期。

中国海军遂行非战争军事
行动的法律规制及其
法律应对能力的提升

郑　洁 *

摘　要：中国海军遂行非战争军事行动已经成为维护国家权益、拓展海外利益的现实需求。目前我国海上力量无论在规模和实力建设方面都得到快速发展，亟须提升军事"软"运用能力，塑造"和平之师"的国际形象。而"师出有据""师出以律"是军事"软"运用能力提升的重要标志，也是确保海上非战争军事行动合法性的重要保证。中国海上非战争军事行动开展过程中仍然面临着一系列法律问题带来的挑战，如国内相关法律制度不健全、国际法领域存在模糊地带、行动参与人员法律素养不足等。本文将重点从完善国家相关立法保障、建立军事法律顾问制度等方面探讨提升我国海军遂行非战争军事行动中的法律应对能力。

关键词：中国海军；非战争军事行动；法律规制；立法保障；军事法律顾问

一、中国海军遂行非战争军事行动的法律规制现况

在我国，海军遂行非战争军事行动已经变得日趋常态化，随着其行动范围

* 郑洁，博士，上海交通大学中国海洋工程装备科技发展战略研究院助理研究员，主要研究方向：海洋法、海上军事安全。

的不断扩展,对所有参与行动的官兵素质要求在不断提高,对相应的法律保障需求也在逐渐增强。因此,有必要首先了解和厘清现阶段我国海军开展非战争军事行动的现况及其法律依据,以便深入分析我国海军遂行非战争军事行动实践中面临的主要问题及挑战。

(一) 相关政策导向

中央军委于 2009 年初出台的《军队非战争军事行动能力建设规划》明确了加快我国军队非战争军事行动能力建设的指导思想、原则、目标、力量规模和措施等内容,要求我军主要担负反恐维稳、抢险救灾、维护权益、安保警戒、国际维和、国际救援六类非战争军事行动任务。[①]

《2010 年中国的国防》则首次全面介绍了和平时期中国武装力量的多样化运用,强调武装力量在维护国家安全和发展利益、保护人民利益、维护世界和平与促进共同发展中的重要作用。该文件从保卫边防海防空防安全、维护社会稳定、参加国家建设和抢险救灾、联合国维和行动、亚丁湾和索马里海域护航、中外联演联训、国际灾难救援 7 个方面,全面阐述了和平时期中国武装力量多样化运用的原则、实践及效果等问题。中央军委继而于 2010 年 11 月批准发布《军队处置突发事件应急指挥规定》,对军队参加维护社会稳定及处置其他各类突发事件的组织指挥、力量使用、综合保障和军地协调等问题作出明确规定。[②]

国务院于 2013 年 4 月发布《中国武装力量的多样化运用》白皮书,对我国武装力量的多样化运用所需遵循的基本原则进行了阐述,同时提出了武装力量完成多样化军事任务的基本目标。这表明,在我国已经正式承认军队的动用并不当然地代表武力的使用,军队不再只是承担备战卫国的使命,也要承担应对多种安全威胁、完成多样化军事任务以实现国家安全战略的新使命。该白皮书中基本描述了我国军队现阶段所承担的非战争军事任务范围,主要涵盖支援国家建设、军事演习、护航行动、反恐行动、维和行动、救灾行动、国际灾难救援和人道主义援助、撤离海外公民行动等任务类型。

另外,由中央军事科学研究院牵头组建的非战争军事行动研究中心于 2011 年底宣告成立,该中心主要通过开展非传统安全威胁和非战争军事行动现实问题研究来为国家、军委、总部提供决策咨询;重视中国军队非战争军事

---

① 来源于 http://baike.baidu.com/view/54855.htm#5,最后访问日期:2019 年 3 月 29 日。

② 来源于 http://www.chinanews.com/gn/2011/03-31/2942823.shtml,最后访问日期:2019 年 3 月 29 日。

行动理论体系的建立和发展；组织非战争军事行动理论研讨，尝试通过建立非战争军事行动数据库来提高非战争军事行动的快速反应能力；参加国家、地方和军队、武警组织的非战争军事行动演习和评估等实践活动。① 该研究中心的成立无不表明我国政府及中央军委对非战争军事理论研究和发展问题的重视，同时也促进了以该研究平台为中心的一系列关于非战争军事行动理论研究成果的问世。

（二）法律依据

1. 关于国家武装力量运用的法律规定

《共同纲领》与中华人民共和国的国防和军队建设相适应，确认了新中国武装力量的构成和地位，确立了国家军事领导体制、军队体制编制和建设原则，开启了国家国防和军队法制化建设进程，为 1954 年我国第一部《宪法》的颁布实施奠定基础。《共同纲领》将国家的国防和军事制度作为重要内容，如：第 10 条规定："中华人民共和国的武装力量，即人民解放军、人民公安部队、人民警察是属于人民的武力"；第 20 条规定："中华人民共和国建设的统一军队受中央人民政府人民革命军事委员会统率"，②实行统一的指挥、统一的制度、统一的编制、统一的纪律；根据《共同纲领》的规定：中华人民共和国武装力量的"任务为保卫中国的独立和领土完整，保卫中国人民的革命果实和一切合法权益"；第 24 条规定："中华人民共和国的军队在和平时期，在不妨碍军事任务的条件下，应有计划地参加农业和工业生产，帮助国家的建设工作"。③

1954 年颁布实施的新中国第一部《宪法》更加精炼地明确了我国武装力量的性质和任务。第 20 条规定："中华人民共和国的武装力量属于人民，它的任务是保卫人民革命和国家建设的成果，保卫国家的主权、领土完整和安全"；构建了中国特色地国防领导体系。第 42 条规定："中华人民共和国主席统率全国武装力量，担任国防委员会主席。"这是我国《宪法》首次规定了包括军队在内的国家武装力量统一归国家国防委员会主席统率，建立了国家对所有武装力量的统一领导体制，开创了中国特色的国防和军事领导体制，确立了国家统

---

① 来源于 http://www.chinanews.com/gn/2011/12 - 12/3526428.shtml，最后访问日期：2019 年 3 月 29 日。

② 1949 年 10 月 19 日，中央人民政府委员会第三次会议决定成立中央人民政府人民革命军事委员会，由其统一管辖和指挥中国人民解放军和其他武装力量，是制定军事战略方针、领导军队建设的最高军事统率机关。

③ 丛文胜、冯江峰：《论 1954 年宪法确立的中国特色国防法律制度及启示》，载薛刚凌主编：《国防与军队改革的法治问题》，人民出版社 2015 年版，第 1—3 页。

一的武装力量领导体制。1954 年 9 月 28 日,中共中央政治局作出《关于成立党的军事委员会的决议》,在中央政治局和书记处之下成立党的军事委员会,担负整个军事工作的领导,统一领导全国的武装力量,加强了党对军队的绝对领导,自此人民革命军事委员会退出历史舞台。① 1954 年《宪法》规定:领导武装力量的建设职权由国家最高行政机关国务院行使,凡属于军事、国防建设方面的重大决策都由中共中央政治局、书记处和中央军委同国家军事机构共同作出。《宪法》确立的国防领导体制恰当地解决了国防部与中共中央军事委员会的关系,国防部作为国家行政机关并非虚设,国防部长可下达有关武装力量建设的命令。

现行的 1982 年《宪法》中关于国家国防领导体制的规定是在 1954 年《宪法》的基础上形成的,并增设了中央军事委员会,其他有关国家机构和国防职能的规定与 1954 年宪法一脉相承。第 29 条规定:"中华人民共和国的武装力量属于人民,它的任务是巩固国防,抵抗侵略,保卫祖国,保卫人民的和平劳动,参加国家建设事业,努力为人民服务。"并对武装力量的建设目标明确指出:"国家加强武装力量的革命化、现代化、正规化的建设,增强国防力量"。中央军事委员会的设立将党的中央军事委员会与国家中央军事委员会合为一体,保证了党在国家体制下对军队的绝对领导。然而,《宪法》中尚未就中央军事委员会的组成、职权等问题作出明确规定,而《国防法》对中央军事委员会的职权作出规定,下位法与上位法的不统一使得在《宪法》中设立专节完善对中央军事委员会的相关规定、保证中央军事委员会有效行使领导国防和军队建设职权的法定性和权威性显得十分迫切。②

通过宪法和法律确立和坚持党对武装力量的领导制度是我国军事法制建设的一个显著特点。在国家机构中设立的中央军事委员会与党的中央军事委员会是一致的,既是党的军事机关,也是国家机关,把党的领导和国家的领导有机地融为一体,并以法律形式固定下来,体现了党领导军队与国家领导军队的一致性,使党对国防和军队的领导获得了国家宪法的保障。依据宪法的原则规定,在我国相关军事法律中更加规范了党对军队的绝对领导。如《国防法》第 19 条规定:"中华人民共和国的武装力量受中国共产党的领导武装力量

① 丛文胜、冯江峰:《论 1954 年宪法确立的中国特色国防法律制度及启示》,载薛刚凌主编:《国防与军队改革的法治问题》,人民出版社 2015 年版,第 4—9 页。
② 丛文胜、冯江峰:《论 1954 年宪法确立的中国特色国防法律制度及启示》,载薛刚凌主编:《国防与军队改革的法治问题》,人民出版社 2015 年版,第 11 页。

中的中国共产党组织依照中国共产党章程进行活动。"这一规定,确定了党的各级组织在武装力量中的法律地位,把"党指挥枪"的原则法律化。[1]

《国防法》是对其上位法《宪法》中有关军事制度原则性规定的具体化、明确化。其第三章"武装力量"部分就武装力量的性质、构成、使命任务、建设目标等方面予以明确,强调武装力量必须坚持依法治军,遵守国家宪法和法律,保障了宪法中依法治国原则在治军实践中的落实。人民解放军作为国家武装力量的主体,始终把保卫国家安全、维护国家主权和海洋权益作为义不容辞的责任,遂行自卫反击、抢险救灾、反恐维稳、国际救援、海上护航、国际维和、联合军事演习等战争和非战争军事任务。

我国的国家利益、国防与军事利益和人民利益的一致性决定了对有关国防和军事事项的立法的统一性,即并不是所有有关国防和军事事务都必须制定专门军事法律,而是随着国家法治进程的发展,逐步将一些有关国防和军事的事项与国家普通立法统一起来。[2]

关于武装力量的运用问题,除了《宪法》和《国防法》作出有关规定外,在其他一些法律中也有涉及:

《中华人民共和国突发事件应对法》第 14 条规定:"中国人民解放军、中国人民武装警察部队和民兵组织依照本法和其他有关法律、行政法规、军事法规的规定以及国务院、中央军事委员会的命令,参加突发事件的应急救援和处置工作。"

《中华人民共和国防震减灾法》第 8 条规定:"中国人民解放军、中国人民武装警察部队和民兵组织应当执行国家赋予的防震减灾任务。"

《中华人民共和国传染病防治法》第 5 条规定:"军队的传染病防治工作,依照本法和国家有关规定办理,由中国人民解放军卫生主管部门实施监督管理。"

《中华人民共和国国家安全法》第 11 条规定:"中华人民共和国公民、一切国家机关和武装力量……都有维护国家安全的责任和义务。"第 18 条规定:"国家建设与保卫国家安全和发展利益需要相适应的武装力量;实施积极防御军事战略方针,防备和抵御侵略,制止武装颠覆和分裂;开展国际军事安全合作,实施联合国维和、国际救援、海上护航和维护国家海外利益的军事行动,维护国家主权、安全、领土完整、发展利益和世界和平。"

---

[1] 王海平主编:《中国军事法学研究前沿》,法律出版社 2013 年版,第 40—54 页。

[2] 王海平主编:《中国军事法学研究前沿》,法律出版社 2013 年版,第 46 页。

《中华人民共和国戒严法》第 8 条规定："必要时,国务院可以向中央军事委员会提出,由中央军事委员会决定派出人民解放军协助执行戒严任务。"也就是说,武装力量在得到中央军事委员会授权的情况下有协助执行戒严任务的职责;在国家没有作出戒严决定时,根据第 31 条的规定,可由中央军事委员会决定派出人民解放军协助当地人民政府恢复和维持正常的社会秩序。

《中华人民共和国反恐怖主义法》第 8 条规定："中国人民解放军……依照本法和其他有关法律、行政法规、军事法规以及国务院、中央军事委员会的命令,并根据反恐怖主义工作领导机构的部署,防范和处置恐怖活动。"第 38 条、57 条、71 条、74 条、78 条就武装力量参与反恐活动的授权来源、指挥协调、行动方式等问题作出明确规定。

国务院发布的《中华人民共和国防汛条例》第 5 条规定："任何单位和个人都有参加防汛抗洪的义务。中国人民解放军和武装警察部队是防汛抗洪的重要力量。"

国务院制定的《突发公共卫生事件应急条例》第 53 条规定："中国人民解放军、武装警察部队医疗卫生单位机构参与突发事件处理的,依照本条例的规定和军队的相关规定执行。"

2. 关于海军遂行非战争军事行动的法律规定

海上非战争军事行动是国家行政机关按照法定程序授权给海军部队使其依法行使海上执法权,并完成相关海上执法任务以实现政治目标的活动,因此,海上非战争军事行动的顺利开展必须以国家权力机关的合法授权为基础,以国家政治目标为导向,以军事武力使用的限制性为原则。也就是说,需要有明确的法律依据贯穿于整个海上非战争军事行动中,以确保准确完成国家政治目标。

我国海军遂行非战争军事行动的法律依据要从国际法和国内法两方面进行把握,在国际法方面,对我国海军遂行非战争军事行动具有指导意义的法律依据主要有《联合国宪章》《联合国海洋法公约》以及已经签署生效的相关国际协议中涉及的涉海国际法的约束,如《中华人民共和国和俄罗斯联邦关于举行联合军事演习期间其部队临时处于对方领土的地位协定》《上海合作组织成员国关于举行联合军事演习的协定》等。海军在遂行跨国联合作战任务时,还会涉及对环境法、商法、航行法、通讯法的应用及对受援国国家法规和惯例的遵循。这一系列相关国际法和国际协议、国际条约对遂行海上非战争军事任务的海军部队来说既是法定约束,也是法律保障。

目前,国内对我国海军遂行非战争军事行动具有指导意义的法律依据可以分为三类:一是国家法律,如《国防法》《戒严法》《领海及毗连区法》《专属经济区和大陆架法》《海域使用管理法》《渔业法》等;二是国家行政及军事法规,如《军队抢险救灾条例》《中国人民解放军军事训练条例》《处置海空边防情况和涉外突发事件的若干规定》《海上战备巡逻细则》《国家安全法实施细则》等;三是国家战略性文件,如《2010 年中国的国防》白皮书、《中国的和平发展》白皮书、《中国武装力量的多样化运用》白皮书及党的十八大提出的海洋强国战略等。

上述法律依据中仅有个别条款规定了军队在维护国家海洋权益中的作用,明确了我国海军的海上执法权,如《国防法》中第 26、27 条的规定。① 由此来看,我国现有的对海军遂行非战争军事行动具有指导意义的法律依据屈指可数,并且多数为原则性的法律指导,缺乏针对性,既没有明确授权的范围,也缺乏对遂行任务过程中各个环节的法律规制,这容易造成海军遂行非战争军事行动过程中对遇到的涉法问题因法律基础不明确而无法及时化解,甚至会产生国际侵权和纠纷,不利于我国海洋权益的维护。

二、中国海军遂行非战争军事行动面临的主要问题与挑战

海军遂行非战争军事行动面临复杂的国内外形势:行动中政治目标的优先性;行动区域的跨界性;行动规则的限制性。这些因素都决定了海军遂行非战争军事任务的艰巨性,这就对行动参与者的基本素质及我国法律的基本保障提出了更高的要求。随着海上非战争军事行动开展领域的不断扩大,其在法律保障方面的不足也在逐渐显现,而在外国军队,法的作用早已经被用于部队军事与非军事行动的各个层面,因此,有必要分析我国海军现阶段遂行非战争军事行动面临的主要问题与挑战,尤其是由此带来的立法挑战,以便帮助提升海上非战争军事行动的法律应对能力。

(一)军队遂行非战争军事行动带来的立法新挑战

"军队承担的多样化任务正在悄然挑战现有法律——基本法和普通法;军

---

① 《国防法》第 26 条规定:"中华人民共和国的领陆、内水、领海、领空神圣不可侵犯。国家加强边防、海防和空防建设,采取有效的防卫和管理措施,保卫领陆、内水、领海、领空的安全,维护国家海洋权益"。第 27 条规定:"中央军事委员会统一领导边防、海防和空防的防卫工作。地方各级人民政府、国务院有关部门和有关军事机关,按照国家规定的职权范围,分工负责边防、海防和空防的管理和防卫工作,共同维护国家的安全和利益"。

事法和一般法;国内法和国际法。"①中国军队"走出去"迫切需要加强遂行非战争军事行动的法律保障,这也是完善中国特色社会主义法律体系的现实需要。② 如何通过修改补充《宪法》第 29 条,将军队新职能囊括其中,确立诸如海外撤侨行动、打击海盗、海上护航等非战争军事行动的宪法地位? 如何通过完善以国防法和戒严法为核心的军事法律体系实现与宪法中有关军事职能条款的呼应,以保证军队遂行非战争军事行动有法可依? 如何根据军队遂行非战争军事行动的现实需要增强军事法与一般法之间的协调性,保证非战争军事行动的实施效果? 这些问题是需要在遂行海上非战争军事行动中得到充分重视和考量的。

1. 军队遂行非战争军事行动与宪法

宪法是国家的根本大法。我国《宪法》有关军队的规定主要体现于第 29 条,它从最高法的层面概括规定了我国军队的性质和任务,即"中华人民共和国的武装力量属于人民。它的任务是巩固国防,抵抗侵略,保卫祖国,保卫人民的和平劳动,参加国家建设事业,努力为人民服务。"③显然 1982 年颁布实施的《宪法》尚未将诸如中国军队遂行维和行动、联合军事演习等非战争军事行动纳入为我国军队的基本任务。

当不断发展的实践需要超越相对稳定的法律,而这种超越是合理且可行的时候,法律就应当为实践作出改变。实践中,海上非战争军事行动正在日益广泛开展,比如,我国军队已经成为联合国主要的维和力量。我国理应在宪法中对军队承担的这类规模大、要求严、难度高、责任重的时代特殊使命——非战争军事行动予以明确。从外国的情况来看,如果《宪法》未对军队"走出去"的问题进行规定,则要通过促成修改《宪法》来取得相关法律依据。从我军已承担或将要承担的更为广泛的非战争军事行动任务来看,应尽快对《宪法》第 29 条进行修改补充,以纳入我军遂行非战争军事行动的新职能。

2. 军队遂行非战争军事行动与军事法

军事法是国家法律体系中专门用以调整战争与和平、军事及国防、军队及武装力量、武器装备和军事人员的重要法律门类,包括全国人大及其常委会制

---

① 夏勇:《军队多样化任务带来的立法新课题》,载《西安政治学院学报》2011 年第 3 期,第 72 页。
② 吴邦国:"中国特色社会主义法律体系已经形成",来源于 http://www.xinhuanet.com,最后访问日期:2019 年 3 月 30 日。
③ 《中华人民共和国宪法》第 29 条第 1 款的规定。

定和修订的专门调整国防和军队建设方面的法律及有关法律问题的决定；国务院、中央军委制定和修订的军事（行政）法规；军委各总部、军兵种、军区制定和修订的军事规章。然而，这些法律法规构成的我国军事法体系仍然未能充分或恰当地体现我军目前实际担负和将要担负的非战争军事行动任务。

《国防法》中明确的国防任务为"国家为防备和抵抗侵略，制止武装颠覆，保卫国家的主权、统一、领土完整和安全所进行的军事活动，以及与军事有关的政治、经济、外交、科技、教育等方面的活动"，[①]并未将《宪法》第 29 条中规定的武装力量参加"国家建设事业"的任务列入；"国防是指'安全保障事项'，'保障社会主义现代化建设顺利进行'，不同于直接'参加国家建设事业'；《宪法》中的'参加国家建设事业'是与'保卫人民的和平劳动'相并列的任务，《国防法》中的'保障'仅是依据了后者，从而留有空缺"。[②]《国防法》在明确我国武装力量的任务时仅规定："中国人民解放军现役部队是国家的常备军，主要担负防卫作战任务，必要时可以依照法律规定协助维护社会秩序"，[③]并没有提及"参加国家建设事业"，也没有在其他相关条款中加以体现。而"参加国家建设事业"是我军遂行非战争军事行动的重要方面。《国防法》应将这一宪法规定具体化，明确军队遂行非战争军事行动的任务样式、条件和规模、程序与相关的军地协调机制等内容；否则，尽管《宪法》已经提供了军队参加国家建设事业的依据，但在下位法层面，军队在非戒严或者非紧急状态情况下参与抢险救灾等非战争军事行动时仍然无法可依。

《中华人民共和国戒严法》是对宪法中有关"紧急状态"的规定的具体化——在紧急状态下可以动用军队，因此，《戒严法》包含着一定的军事法规范。"戒严任务由人民警察、人民武装警察执行；必要时，国务院可以向中央军事委员会提出，由中央军事委员会决定派出人民解放军协助执行戒严任务。"[④]戒严与紧急状态两个概念相比，"戒严的外延小于紧急状态：造成紧急状态的紧急事由是多样化的，并不是所有的紧急状态下都需要戒严，所以，戒严法并不是对宪法'紧急状态'规定的全部法律问题的具体化，而仅是涉及其中的一部分"。[⑤]我军目前承担的系列非战争军事行动任务内容远不止戒严，在发生不需要戒

① 参见《中华人民共和国国防法》第 1—3 条的规定。
② 夏勇：《军队多样化任务带来的立法新课题》，载《西安政治学院学报》2011 年第 3 期，第 73 页。
③ 参见《中华人民共和国国防法》第 22 条的规定。
④ 《中华人民共和国戒严法》第 8 条。
⑤ 夏勇：《军队多样化任务带来的立法新课题》，载《西安政治学院学报》2011 年第 3 期，第 74 页。

严的紧急状态却又需要动用军队时，就显出戒严法的局限性，也就提出了出台相应法律依据的需求。已有学者呼吁："对不介入公民日常生活的军事力量在紧急状态下的行政性动员加以明确规定"。①

3. 军队遂行非战争军事行动与一般法

军队遂行非战争军事行动不仅需要完善军事法，还需要一般法的配套修订。以军舰遂行护航任务为例，护航本身所依据的法律应当是军事法，包括出动军舰的依据、在公海或其他国海域及其空域活动时使用武力的法律依据、遂行军事任务的官兵在境外的身份地位保障等。抓捕海盗以后，是送交所在海域国家，还是扣留带回本国的问题既涉及军事法领域，也涉及一般法领域，比如，如何界定"海盗"的问题。《联合国海洋法公约》规定的海盗罪仅限于公海和任何国家管辖范围以外的地方，并未包括任何国家的领海，②该规定是有其局限性的。仅依据《联合国海洋法公约》的海盗罪规定和我国刑法中抢劫、杀人、伤害、绑架、勒索等海盗行为中常常涉及的犯罪规定并不能完全解决处置海盗的法律问题。

军队行动的直接依据是理应是军事法，但由于军队遂行非战争军事行动与地方活动往往联系紧密，如果相关的行动涉及领域缺乏一般法的调整规范，则会使军事行动受到一定影响。除了海盗问题，又如军队执行海外撤侨任务，不仅涉及该行动本身的军事法律依据，也涉及我国海外侨民在撤离过程中的组织管理问题。因此，如何根据军队遂行非战争军事行动的现实需要，增强军事法与一般法之间的协调性，保证非战争军事行动的实施效果也成为一项亟待探究的立法问题。

（二）我海军遂行非战争军事行动面临的主要问题

我国军队的职能的拓展应当在法制的轨道上进行，军队履行新职能时应当以国际国内法为依据。③ 目前我国军队参加国内抢险救灾、维稳处突等行动中存在的主要问题表现在军队动用的法定条件、指挥和物质保障、法律责任的承担等方面；④而我国军队的非军事动用行为在动用程序、功能限制、动用监督

---

① 任剑涛："中国需要紧急状态法应对自然灾害"，来源于 http://www.chinanews.com，最后访问日期：2019 年 3 月 30 日。

② 参见《联合国海洋法公约》第 101 条有关海盗行为的定义。

③ 肖凤城：《我国军队职能的拓展与军事法的发展》，载薛刚凌主编：《中国军事法论丛》(2007 年第 1卷)，中国方正出版社 2007 年版，第 1 页。

④ 薛刚凌、吴又幼：《军队履行内部职能法律问题研究》，载薛刚凌主编：《中国军事法论丛》(2009 年卷)，中国方正出版社 2010 年版，第 82—94 页。

三方面存在的不足需要通过完善立法、建立军队非战争军事行动法律体系来解决。① 但是，非战争军事行动法律体系的建立需要从解决其起始状态定性、使用武力限制、涉及对象处理、行动区域管控、国际法适用、结束阶段的处理6个法律保障方面的重点问题来着手。②

新时期，我国海军遂行非战争军事行动面临的问题主要有两个方面：

一是对我国相关法律的完备性提出挑战。我国尚未出台有关非战争军事行动的军事法律或法规，军队遂行非战争军事行动的法律依据散见于《中华人民共和国国防法》《中华人民共和国突发事件应对法》《中华人民共和国领海与毗连区法》《中华人民共和国专属经济区及大陆架法》等文件中，如《中华人民共和国突发事件应对法》将国家突发事件界定为自然灾害、公共卫生事件、事故灾难、社会安全事件，③这并未涵盖目前军队遂行非战争军事行动的全部情况。

二是对行动参与者较高素质要求的挑战。国际社会对军事运用合法性的关注程度随着国家对军事力量的外交及政治化运用程度而不断加大，依法行动成为当今军事力量和平运用的首要条件，因此，对行动参与者的综合素质要求不断提升，在熟谙战略战术的同时，既要守法，又要懂法，还要用法。

海上非战争军事行动的复杂性对我国相关法律法规所发挥的保障作用提出了更大的挑战。现有的军事法规及涉海法规缺乏针对性，可操作性较差，并不能很好地涵盖《联合国海洋法公约》所赋予的各沿海国的所有权利和义务，对海上非战争军事行动只能起到原则性的指导作用，已经不能满足海军完成多样化军事任务的法律保障需求，现阶段急需实现军事法与海洋法的相关对接，有必要制定海军遂行非战争军事行动的行动纲要，加强对海军行动中行为的法律规制，另外，鉴于海军遂行非战争军事行动的涉外性，还要注重对国际法适用问题的研究，实现国际法与国内法的有效衔接，以确保执法海军的权益在国际社会中得到维护。

海上非战争军事行动的特殊性对其行动参与者的素质提出了更高的要求。所有行动参与者都要理解本次行动的政治目标所在，明确本次行动的作战规制，尤其是行动指挥官，不仅要将政治的影响因素纳入行动各个阶段的考

---

① 杨河、曹莹：《关于军队非军事动用的法律思考》，载《西安政治学院学报》2004年第5期，第76—79页。

② 谢丹：《"非战争军事行动"法律问题的初步研究》，载《西安政治学院学报》2008年第3期，第52—55页。

③ 参见《中华人民共和国突发事件应对法》第3条。

虑范围,而且要有能力应对因政治目标改变而带来的军事战略方案的转变。另外,在海上非战争军事行动中可能会遇到一些特殊的法律问题,这就要求海军法律顾问除了具备传统的法律基本素质之外,还要具有以下几个方面的法律专业知识,如心理战、民政事务、医疗支持、当地的文化习俗、国际法律和协议、军事和政治联系、索赔等。海军法律顾问要对行动中所可能涉及的法律纠纷进行预见,以求在最短的时间内化解矛盾,维护我军的合法权益。

三、提高中国海军遂行非战争军事行动的法律应对能力

针对当前中国海军遂行非战争军事行动所面临的法律挑战,应重点从立法保障和执法服务保障方面提升中国海军的法律应对能力,比如,严格遵守国际法基本原则和规定、健全国内相关法律制度、促进国内法与国际法的无缝对接、充分做好各类行动的法律预案、提升行动参与人员的法律素养、完善法律咨询服务制度等方面的工作需要在实践中加以重视。

(一)完善海上非战争军事行动立法保障的建议

我国非战争军事行动法律保障体系的建立和完善不可能一蹴而就,需要在借鉴国外有关非战争军事行动法律保障体系建设的成功经验基础上,立足于本国现状,有的放矢地逐步开展。因此,要建立完善我国非战争军事行动的法律体系必须以对现有的与非战争军事行动相关的法律法规的更新为基础,以实现有关非战争军事行动法律法规的体系性、层次性建设为目标,以提高所制定的非战争军事行动法律依据的针对性和可操作性为重点。

1. 重视相关法律的整合创新

对我国现有的有关非战争军事行动的法律法规进行整合创新。多样化军事任务延伸到哪里,相应的法律法规保障就应该扩展到哪里。[①] 美国在提出非战争军事行动理论后就及时实现了法律法规的整合修订,从国会到总统,再到国防部和各军种部,都在各自的职权范围内对非战争军事行动进行了立法修订,从而保障了军队遂行非战争军事行动的法律效力。在我国的根本法《宪法》和基本法《国防法》中,有必要对我军需要承担的多样化军事任务进行较为明确的界定,以强化军队遂行多样化军事任务的职能;在非战争军事行动相关法规尚未形成的情况下,要将《中国人民武装警察部队处置突发事件规定》《军

---

① 王喜斌:《关于提高应对非传统安全威胁遂行非战争军事行动能力的思考》,载《国防大学学报》2008 年第 11 期。

队参加抢险救灾条例》等与军队维稳抢险救灾有关的军事法规按照国家立法中对应急状态和突发事件的定位作出必要的修改补充,以更好地实现与国家立法的衔接,满足军队遂行非战争军事行动的不时之需。① 这些根据现实军事需求而整合创新后的法律法规对保障海军遂行非战争军事行动的合法性发挥着重要作用。

2. 增强相关法律法规的体系性建设

注重有关非战争军事行动法律法规的体系性、层次性建设。在这一方面,美国海上非战争军事行动的法律保障体系建设最具有代表性,从国家立法到各类战略文件,再到各种军事战术指导及军事教义层次分明、体系完备,为美国海上非战争军事行动的法律保障提供了强大的理论后盾。我国学者也认为,考虑到我军从事"非战争军事行动"具有一定的敏感性、创新性和涉外性,建议适当提高立法层级,通过制定有关军事法律或军事法规的形式对使用武力限制问题作出规范和明确。② 笔者认为我国有关非战争军事行动法律保障体系的建设重点包括以下五个方面:

一是要在国家基本法,如《国防法》中明确有关非战争军事行动的规定;二是要由国务院和中央军委制定相关军事行政法规,如《非战争军事行动法规》;三是由海军总部制定海上非战争军事行动的行政规章,如《海上非战争军事行动规章》;四是针对维和、护航、救灾、反恐等不同行动样式,由相关政府部门和军事机关联合制定相应的海上非战争军事行动实施细则;③五是由国防部和海军总部适时印发相关军事行动教义。从以上五个层次来考虑非战争军事行动的法律法规体系建设,可以消除我国现阶段有关非战争军事行动法律法规不健全、操作性差的弊端,也有利于实现我国海军遂行非战争军事行动的规范化。

3. 提高所制定法律制度的可操作性

提高所制定的非战争军事行动法律依据的针对性和可操作性。非战争军事行动任务范围之广,任务类型之多的特点就要求其各种法律保障依据必须具有针对性和可操作性。唯此,才能保证军事行动的合法化、规范化。美国国防部及其各军种部队制定的军事指令、军事条例严谨详尽,其针对非战争军事

---

① 贾万宝:《对非战争军事行动的立法思考》,载《政工导刊》2008 年第 9 期,第 19—21 页。
② 谢丹:《"非战争军事行动"法律问题的初步研究》,载《西安政治学院学报》2008 年第 3 期,第 53 页。
③ 罗保华:《论平时海上军事行动中〈联合国海洋法公约〉的运用》,载《法学杂志》2011 年第 3 期,来源于 http://www.pkulaw.cn/fulltext_form.aspx?Gid＝1510107869,最后访问日期:2019 年 4 月 2 日。

行动所发布的军事教义内容全面、操作性强，从相关概念、原则的界定到不同军事行动的组织、计划和执行等内容均有涉及，为美国海军顺利完成各项非战争军事行动任务提供了具体的行动指南。澳大利亚还拥有其专门的国防出版物及国防教义出版物，不仅注重对军事行动的专题介绍，形成了有关维和行动、国际联合军事行动、民间军事行动等专题国防教义出版物，而且还强调每项军事行动开展的法律依据、行动目的和性质、行动计划和程序、命令和控制机制等内容。比如，国防部队系列出版物之《澳大利亚海事管辖》《维和行动计划和程序》及《澳大利亚海事教义》，极大地提高了澳大利亚海军遂行非战争军事行动法律依据的可操作性。近年来，我国全国人大常委会先后批准了《中华人民共和国和俄罗斯联邦关于举行联合军事演习期间其部队临时处于对方领土的地位的协定》《上海合作组织成员国关于举行联合军事演习的协定》等文件，为相关各方进行联合军事演习提供了具有较强操作性与规范性的法律依据。①

（二）建立军事法律顾问伴随服务海上非战争军事行动的工作机制

海上非战争军事行动涉及政治、军事、外交等多个领域，由此产生多种法律关系，多种矛盾交织，不同利益并存，每次行动的顺利实施都离不开军事法律组织和军事法律顾问所提供的法律保障服务。从各国的实践来看，军事法律顾问处是较为常见的军事法律服务组织，军事法律顾问、军事法律参谋是各军事法律顾问处的常设职员，承担与军事行动相关的法律咨询保障工作。我国军事法律顾问处及军事律师制度都起步较晚，随着军队遂行多样化军事任务过程中涉法问题的不断增加，我国亟待完善军事行动的法律咨询服务制度，如根据现实需求科学设置军事法律顾问处，建立有效的军事法律顾问工作机制。

1. 以法定形式明确军事法律顾问的地位

要从根本上实现军事法律顾问参与军事决策、保障军事行动、提升军队法治水平的目标，就必须制定相应的条令条例和规章制度，以法定形式明确军事法律顾问的角色地位，确保其权利得以保障，义务得以履行。这一点在美国、加拿大、俄罗斯等军事强国的军事制度及政策中得到了很好的体现。

美国军队法律职业共同体依据宪法相关条文、国会立法、总统和国防部颁布的法律法规以及参联会和各军种部队发布的条令条例共同构成的一套健全

---

① 来源于 http://news.ifeng.com/mil/4/201004/0402_342_1594182.shtml，最后访问日期：2019 年 3 月 31 日。

的法规制度体系来规范其法律服务保障工作；①此外，美国各军种部队出版的军事教义中不仅对军事行动在战术、战役层面的法律支持进行了较为全面的阐述，还规定了军事法律顾问的角色定位、职责等方面的内容，极大地调动了军事法律顾问的工作能动性。②

　　加拿大早在 20 世纪初就对其国防部内的法律服务系统进行了改革，形成了专业化的军事法律顾问组织机构，主要提供军事行动法、国际法、军事司法等方面的服务。为确保特定的军事问题得以解决、发挥不同法律人员的专长，加拿大国防部近一半的法律顾问被分配到军事岗位，另外一些则被安排在文职岗位，这种责任分工由国防部、加拿大军方以及司法部共同批准，并在各部门间达成协议，明确各自的义务和权利。③

　　我国在军事法律顾问制度的萌芽时期形成了一系列有效的制度文件，可以此为借鉴，结合当下我国海军遂行非战争军事行动的现实需求，制定《海军军事法律顾问管理条例》，明确海军军事法律顾问的角色地位、任免资格、权利义务、工作职能、工作原则和程序等内容；在海军军事教义中强调军事法律顾问在各类军事行动及军事行动各阶段所发挥的重要作用。其他军种部队可试行颁布本军种所适用的军事法律顾问管理条例，待时机成熟之时，依据党的十八届四中全会《决定》及《律师法》第 57 条、④《中华人民共和国现役军官法》的相关规定，由中央军事委员会根据《军事法规军事规章条例》第 7 条⑤的规定制定《中国人民解放军军事法律顾问管理条例》。⑥ 相信该条例的出台将会进一步推动海军军事法律顾问制度的改革与完善，从而大幅度提升军事法律顾问保障海上非战争军事行动的工作能动性和服务能力。

---

① 吴又幼：《美国军法官制度研究》，中国政法大学出版社 2015 年版，第 185—189 页。

② See Colonel Kelly D. Wheaton, Strategic Lawyering: Realizing the Potential of Military Lawyers at the Strategic Level, *Army Lawyer*, Vol.2006, Issue 9 (September 2006), pp.1 – 16.

③ See Jerry S. T. Pitzul, "Role and Functions of Military Lawyers in the Canadian Forces", *Military Law and Law of War Review*, Vol.38, Issues 1 – 4 (1999), pp.359 – 368.

④ 《中华人民共和国律师法》第 57 条规定："军队律师的具体管理办法，由国务院和中央军事委员会制定"。

⑤ 《军事法规军事规章条例》第 7 条规定："中央军委根据宪法和法律，制定军事法规。下列事项需要立法的，除法律规定外，由军事法规规定：中国人民解放军的体制和编制；总部、军兵种、军区以及相当等级单位的任务和职责；中国人民解放军军事、政治、后勤、装备建设的基本制度；中国人民解放军的奖惩制度；为执行法律的规定需要制定军事法规的事项；其他属于中央军委职权范围的事项。"

⑥ 王明勇：《军事法律顾问制度研究》，清华大学出版社 2016 年版，第 210—213 页。

2. 落实军事法律服务的组织机构建设

从各国的实践来看,军事法律顾问处是较为常见的军事法律服务机构。世界主要大国的军队都设置有符合本军编制体制的军事法律顾问机构,配编一定规模的专业法律服务保障力量,实行各具特色的军事行动法律服务保障机制,如美国在国防部、各军兵种司令部、各战区司令部、各海外基地和各舰队都设有军法署,各军种部队的军事参谋及法律顾问为指挥官提供军事行动的法律咨询及保障服务,以保证各项军事行动的合法性。[①] 1985 年,我国海军司令部设立的第一个军事法律顾问处在当时引起了良好的社会反响,总参谋部于 1989 年设立解放军军事法律顾问办公室领导全军军事法律顾问工作,并于次年批准在全军师以上部队普遍设立军事法律顾问处。虽然军事法律顾问制度建设由于我国体制改革而被取代,但该阶段的探索与实践为新形势下军事法律顾问的组织机构建设提供了借鉴。

军事法律顾问处的设置可以参考美国军事法律服务组织的机构设置,层级分明、职责明确。在国防部设立军事法律顾问总处,任命军事法律总顾问来负责统筹管理国防部内的各项涉法工作;各军种部队设立军事参谋处或军事法律顾问处,在组织上接受国防部军事法律顾问总处的监督管理,各军种部队的军事参谋及法律顾问负责为作战指挥官提供法律咨询服务,以保证各项军事行动的合法性。这样就形成了各个军事法律服务组织及各个级别的军事法律服务人员之间职责明确、分工具体的局面,从而保证了对各种军事法律问题的有效回应。另外,在国家政治目标发生变化时必然会引起非战争军事行动计划的改变,如何应对这种变化且在最短的时间内作出最新的行动预案来降低损失,并实现国家政治目标是军队各层级法律顾问处所必须具备的应对问题的能力。

海军军事法律顾问处所从事的法律服务活动是一项融政治、政策、法规于一体的综合性工作,主抓部队政治建设,负责海军法律咨询、培训海军法律顾问、协助开展法制教育,[②]其核心工作是组织各位军事法律顾问为每次海上军事行动做好法律预案,凡是此次军事任务执行中可能涉及的国际法、国际惯例、条约公约以及相关国家的国内法都要作出军事法律预案,以作为指挥官在

---

① See Joint Publication 1 - 04, Legal Support to Military Operations, 17 August 2011.

② 刘艺、孙国权、苗春晖:《非战争军事行动中军队律师制度的价值分析与制度构建》,载《政工学刊》2010 年第 11 期,第 48—50 页。

遂行海上非战争军事任务时应对突发情况采取措施的法律依据。海军军事法律顾问组织机构的设置应立足于海军部队的自身特点和遂行多样化军事任务的需要，着眼于提升海上战斗力。该机构不仅是海军军事法律顾问工作的依托组织，更是确保海上非战争军事行动得以成功开展的法律服务保障基地。海军遂行非战争军事行动往往是以驱逐舰、护卫舰、潜艇等为作战平台，因此，海军各舰队所面临的涉法挑战数量之多、难度之大并不亚于海军总部，必须将有限的军事法律顾问资源集中配置到舰队等副大区级单位。[①] 在组织机构方面，基于我海军创建军事法律顾问处的历史经验，结合现实所需，可以考虑组建侧重于满足法治实践需求的舰队军事法律顾问处，[②]以其为衔接，在上级的海军总部成立海军军事法律顾问局，在下级的师旅团单位设立军事法律顾问临时特派组。

3. 构建专业化的军事法律顾问团队

随着海上非战争军事行动的常态化，其所面临的涉法问题也变得复杂严峻，对军事法律服务人才的需求日益迫切，亟须考虑如何壮大军事执法服务保障力量，待人才紧缺情况得到一定缓解时，着重培养一支能够满足保障我国海军走向深水和蓝海需要、与军队法治化建设共进的专业化军事法律服务队伍。

就海军部队自身的人才储备而言，首先，我国应全面整合军内具有扎实法律基础、较高理论素养的法律服务人才，将涉法专业尤其是国际法专业的军校毕业生列为重点培养对象；其次，应将实践经验丰富的军队退休官兵、军事法院及军事检察院的离退休干部充分吸纳到海军军事法律顾问的服务团队中，使其在为军事决策建言献策的同时进一步发挥"传帮带"的作用；再次，应放宽地方高校优秀法学专业毕业生特招入伍的条件，这不仅有利于缓解军事法律服务人才急缺的现状，而且还有利于确保海军军事法律顾问的培养选拔对象具备均衡的法律素养；另外，根据我国《现役军官法》的规定，专业技术军官要比政工序列的军官任职期限长，鉴于海军军事法律顾问专业技术要求高、培养周期长，越是年长、经验丰富者越能为军队提供高质量的法律保障和咨询服务，因此，可将海军军事法律顾问归为专业技术岗位，延长其任职年限。

在"军民融合"日益紧密的背景下，可以通过招标服务的方式，请地方优秀

---

① 王明勇：《中国军事法律制度研究》，清华大学出版社 2016 年版，第 145 页。

② 舰队军事法律顾问处主要负责服务保障舰队所承担的海上非战争军事行动任务，跟踪最新的军事行动法律动态以拟制相关行动的应对方案，并为海军军事法律顾问局培养和输送优秀的军事法律顾问人才。参见王明勇：《中国军事法律制度研究》，清华大学出版社 2016 年版，第 149 页。

的律师及律师事务所为我国海军提供法律顾问服务；①也可以将在军事法、海洋法、武装冲突法及国际公约等领域有独到研究专长的地方高校专家以文职身份特招入伍，从而为部队提供充足的智力支撑；搭建平台促进军队和地方高等院校、科研机构、专家智库之间的项目合作，加强军事法律顾问赴军事及地方院校进行轮岗培训和科研深造的机会，从而形成一支以军事法制机构（军事法律顾问）为主，以地方相关专业院校、机构、专家为辅的军事行动执法服务保障队伍。

The Legal Regulation and Improvement of Legal Response Capability for the Chinese Navy's Military Operations Other Than War

ZHENG Jie

Abstract：In peace time, it is a realistic need for the Chinese Navy to safeguard the national interests by carrying Military Operations Other Than War (MOOTW). Recently, China's maritime forces have been developed rapidly in terms of both scale and strength, it is urgent for Chinese Navy to enhance the application of its soft power, and to build an international image of "peaceful force". When carrying out MOOTW, Chinese Navy should adhere to related regulations of international law and domestic law to ensure the legality of the operations. However, there are still a series of challenges for the Chinese Navy to overcome during the operations, such as, imperfect domestic legal system for supporting MOOTW, insufficient legal literacy of participants in action, etc. This article mainly discusses how to improve Chinese Navy's legal response capability when carrying out MOOTW from aspects of perfecting national legislation for MOOTW and establishing a military legal advisory system serving for operations.

Key Words：Chinese Navy; MOOTW; Legal Regulation; Legal Support;

---

① 王明勇：《中国军事法律制度研究》，清华大学出版社 2016 年版，第 174 页。

Military Legal Advisers

【参考文献】

［1］ Colonel Kelly D. Wheaton，"Strategic Lawyering：Realizing the Potential of Military Lawyers at the Strategic Level"，*Army Lawyer*，Vol.2006，Issue 9（September 2006）.

［2］ Jerry S.T. Pitzul，"Role and Functions of Military Lawyers in the Canadian Forces"，*Military Law and Law of War Review*，Vol.38，Issues 1－4（1999）.

［3］ 贾万宝：《对非战争军事行动的立法思考》，载《政工导刊》2008 年第 9 期。

［4］ 刘艺、孙国权、苗春晖：《非战争军事行动中军队律师制度的价值分析与制度构建》，载《政工学刊》2010 年第 11 期。

［5］ 罗保华：《论平时海上军事行动中〈联合国海洋法公约〉的运用》，载《法学杂志》2011 年第 3 期。

［6］ 王海平主编：《中国军事法学研究前沿》，法律出版社 2013 年版。

［7］ 王明勇：《军事法律顾问制度研究》，清华大学出版社 2016 年版。

［8］ 王喜斌：《关于提高应对非传统安全威胁遂行非战争军事行动能力的思考》，载《国防大学学报》2008 年第 11 期。

［9］ 吴义纫：《美国军法官制度研究》，中国政法大学出版社 2015 年版。

［10］ 夏勇：《军队多样化任务带来的立法新课题》，载《西安政治学院学报》2011 年第 3 期。

［11］ 谢丹：《"非战争军事行动"法律问题的初步研究》，载《西安政治学院学报》2008 年第 3 期。

［12］ 薛刚凌主编：《中国军事法论丛》（2007 年第 1 卷），中国方正出版社 2007 年版。

［13］ 薛刚凌主编：《国防与军队改革的法治问题》，人民出版社 2015 年版。

［14］ 杨河、曹莹：《关于军队非军事动用的法律思考》，载《西安政治学院学报》2004 年第 5 期。

论粤港澳大湾区在我国
海洋立法中的定位*

王　崇**

摘　要：粤港澳大湾区这一概念应该引入到我国海洋立法之中，它与我国现行海洋立法之间具有"元素与整体""区别与统一"和"纲领与详尽"三种逻辑关联。在路径比较上，粤港澳大湾区在我国海洋立法中的存在方式可采取明确于我国《海洋基本法》之中、专章设于我国即将开展论证的《海洋经济法》里以及倒置于粤港澳三地所形成的《框架协议》三种方式。而在分析了美国和日本两国国内大湾区的规范定位后，我国应借鉴这两个国家共同的做法，出台粤港澳大湾区内部发展海洋经济的计划与政策，同时将其着眼并定位于即将参与论证并出台的《海洋经济法》之中。在体例上，粤港澳大湾区纳入我国海洋立法中的形式不必过于铺展和拘泥于具体的制度安排上，应该纲领化、原则化地把握住粤港澳大湾区海洋经济发展的总体方向。

关键词：粤港澳大湾区；海洋立法；海洋经济法；海洋基本法

粤港澳大湾区是我国滨海经济发展中的重要表现形态之一。2018 年 12

---

* 本文为中国博士后科学基金面上资助项目："粤港澳大湾区于我国海洋立法中的定位与制度构建研究"，资助编号（2019M653048）的阶段性成果。

** 王崇，深圳大学理论经济学博士后流动站、深圳大学法学院博士后。研究方向：经济特区法治创新研究。邮箱：wangchong@szu.edu.cn。

月,第十三届全国人大常委会组成人员在第七次会议审议发改委提交的《关于发展海洋经济　加快建设海洋强国工作情况的报告》(以下简称《报告》)中就指出要推动海洋经济发展规划同区域发展战略相衔接,将南部海洋经济区同粤港澳大湾区这一重大区域发展战略实施工作进行有机结合。2019 年 2 月,国务院印发的《粤港澳大湾区发展规划纲要》也设专章专节,强调了大湾区发展海洋经济的重要性。同时,全国人大常委会在此基础上提出要完善海洋法律法规体系,在深入研究海洋基本法立法思路和突出问题的基础上,根据其所确定的原则,研究论证海洋经济法。[①] 据此,无论是存在于何部涉海法律法规之中,其规范体例将如何,调整与粤港澳大湾区相关事务的行为规范理应在我国海洋立法中获得一席之地,而研究粤港澳大湾区在我国海洋立法中的定位即是解决这一问题的关键。对粤港澳大湾区在我国海洋立法中的定位进行分析,首先需要从法哲学的角度出发理顺两者之间的互塑性逻辑关系,而后以我国不同海洋立法规范为切入点研究粤港澳大湾区在进行定位过程中的着位点,在提炼域外海洋立法中大湾区的规范定位与对我国的借鉴之后,思考我国海洋立法中粤港澳大湾区的规范体例与制度安排。[②]

一、何为粤港澳大湾区于我国海洋立法中的"定位"

破解"定位"两字是本文研究的切入点所在。大体而言,论证粤港澳大湾区在我国海洋立法中的定位即是要点明在我国现行海洋立法进程中,"粤港澳大湾区"这个概念是否应该置入某部涉海法律规范之中;如果应该予以置入,那么,应该如何把握规范的方向和尺度。针对这一问题,笔者首先要作出以下三点诠释,其目的在于为后文的研究奠定坚实的基础。

首先,言及"定位"即已肯定并允许调整与粤港澳大湾区相关事务的行为规范纳入我国海洋立法之中。调整与粤港澳大湾区相关事务的规范有必要纳入我国的海洋立法之中,且纳入的方向应该是未来即将进行论证或出台的涉海法律法规。一方面,建立粤港澳大湾区是我国海洋战略发展的重要一环;作为一种重要的滨海经济形态,粤港澳大湾区已经于 2017 年正式写入中央政府的工作报告之中,我国南部沿海地区与南海周边国家形成的环南海经济圈,既是 21 世纪海

---

① 　曲波、杨川:《论海洋经济法律的体系化》,载《宁波大学学报》(人文科学版)2018 年第 6 期,第 105—113 页。

② 　参见李志文、马金星:《论我国海洋法立法》,载《社会科学》2014 年第 7 期,第 86—95 页。

上丝绸之路的重要组成部分,也是我国建设海洋强国的重要依托。而粤港澳大湾区作为经济规模约占到东南亚十一国一半的经济区域,已经成为环南海经济圈的核心和之处,是服务国家南海战略、促进环南海经济圈的重要支柱。① 另一方面,粤港澳大湾区的深度发展需要涉海法律法规给予充分的保障和支持;2018 年,国家发改委所提交的《报告》中就已经充分体现了我国海洋立法,尤其是《海洋基本法》和即将参与论证的《海洋经济法》两部大法制定的重要性。② 在现行国家海洋发展战略之下,无论《海洋基本法》的体例如何,对于即将参与论证的《海洋经济法》而言,如果从根本上忽视大湾区这种重要滨海经济形态的存在,无疑会产生立法设计与国家海洋战略发展相脱节的状况,从而不能适应我国海洋经济发展的现实需要。③ 从这两个角度出发,调整与粤港澳大湾区相关事务的法律规范是有必要在我国未来的海洋立法中给予明确的体现。

其次,应着重分析调整与粤港澳大湾区相关事务的行为规范要以何种体量存在于何部法律规范之中。在肯定这些规范纳入我国海洋立法之后,首要的问题就是它们纳入之后的分量和具体的定位点。由于粤港澳大湾区涉及我国香港和澳门两个特别行政区,且三地的法域传统有着较大的差异,因此,对于这些规范的把握就显得十分重要。④ 一方面,制定调整与粤港澳大湾区相关事务的行为规范要注意我国香港与澳门两个特别行政区所享有的高度自治权,避免干涉或过多的介入本应由港澳地区所自主制定的法律规范;⑤另一方面,这些即将生成的规范同时也要与我国现行的海洋发展战略相切合,这也意味着调整与粤港澳大湾区相关事务的行为规范应该全面反映我国海洋发展战略的宏观要求,并从宏观的角度出发服务于我国建设海洋强国的需要。

最后,不必过于拘泥于具体制度的安排。粤港澳大湾区的建设目前仍然处于一个起步的发展阶段,2019 年《粤港澳大湾区发展规划纲要》也指出建设大湾

① 顾琳、刘俊卿:"粤港澳大湾区的战略大局",来源于 http://www.360doc.com/content/17/0912/16/31267089_686541269.shtml,最后访问日期:2019 年 2 月 16 日。

② 参见"第十三届全国人大常委会组成人员在第七次会议审议发改委提交的《关于发展海洋经济加快建设海洋强国工作情况的报告》的回复意见",来源于 http://www.mnr.gov.cn/dt/ywbb/201901/t20190129_2391903.html,最后访问日期:2019 年 3 月 3 日。

③ 针对我国海洋立法中关于海洋经济问题的论证,参见曹兴国、初北平:《我国涉海法律的体系化完善路径》,载《太平洋学报》2016 年第 9 期,第 9—16 页。

④ 王崇:《粤港澳大湾区区际判决终局性认定——以"湾区意识说"为进路》,载《深圳大学学报》(人文社科版)2018 年第 6 期,第 39—46 页。

⑤ 蒋朝阳:《"一国两制"下中央对特别行政区全面管制权之释义分析——兼论全面管制权与高度自治权的关系》,载《吉首大学学报》(社会科学版)2018 年第 5 期,第 69—75 页。

区的观察节点分别在 2022 年和 2035 年,但就目前法制建设现况来看,大湾区内部的法律法规或两岸三地的框架性安排与协议仍然较为单薄。因此,在尚未研究粤港澳大湾区在我国海洋立法中的定位之前,过早地进行制度安排会因缺乏基础性、前提性的环境而使得其"剑走偏锋"。大体而言,进行具体的制度安排不仅需要等待粤港澳大湾区本身在我国海洋立法中的准确定位,还要观察现行粤港澳三地的诸多框架性协议,尤其要围绕《深化粤港澳合作 推进大湾区建设框架协议》(以下简称《框架协议》)中的重点支持领域而定。因此,尽管在未来的某时可能需要对粤港澳大湾区内的某项法律规范进行细致地制度考究,但就当下大湾区的构建进度和状况来看,不必过早的拘泥于在具体的制度安排之上。

在正确地诠释粤港澳大湾区于我国海洋立法中的定位,应该从法理的角度出发明确粤港澳大湾区与我国现行海洋立法之间的衔接关系,为正确地剖析粤港澳大湾区在我国海洋立法中定位的路径奠定基础。

二、粤港澳大湾区与我国海洋立法之间的互塑性分析

明确粤港澳大湾区在我国海洋立法中的定位,首先要厘清调整与粤港澳大湾区相关事务的行为规范与我国海洋立法之间的关系,而这种关系则重在从法哲学的角度出发来探究两者之间的互通有无。笔者认为,可从以下三个角度出发来洞悉彼此之间的逻辑关联。

(一)体例:元素与整体间的逻辑

调整与粤港澳大湾区相关事务的行为规范应该是我国海洋立法中的一个元素,两者之间从体例上来看应该形成一种包含与被包含的关系。我国海洋立法所涉及的门类十分广阔:从未来的立法计划上来看,我国既有宪法属性的《海洋基本法》,又有调控并规范海洋经济活动的《海洋经济法》;而从既有的部门法来看,我国涉海立法有:《海商法》《海岛保护法》《海洋环境保护法》《海域使用管理法》等。粤港澳大湾区作为我国海洋经济发展规划同区域发展战略相衔接的产物,其本质上是海洋经济发展过程中的规划性产物,在这一区域范围内从事的相关涉海活动要既要符合粤港澳三地所达成的《框架协议》的基本方针,又要与我国未来即将出台的《海洋基本法》的立法精神相一致。[1] 因

---

[1] 从体例上来看,粤港澳大湾区与我国海洋立法之间的关系本质上是海洋经济立法与我国《海洋基本法》之间的关系,针对这两者之间的论证,参见马明飞:《我国〈海洋基本法〉立法的若干问题探讨》,载《江苏社会科学》2016 年第 5 期,第 180—187 页。

此,从体例上来看,调整与粤港澳大湾区相关事务的行为规范应该在未来的立法工作计划中占据一定的分量,并与我国未来海洋立法之间形成"元素"与"整体"间的逻辑关系。

(二) 内容: 区别与统一间的对立

调整粤港澳大湾区相关事务的行为规范应该有区别的归于我国具有统一性质的海洋立法之中,这是粤港澳大湾区自身具有多法域属性所决定的。粤港澳大湾区包括了广东省、香港特别行政区与澳门特别行政区三地,中国大陆地区的法律是受大陆法系影响的具有中国特色社会主义法律体系,香港特区则保留了英美法系原有的普通法、衡平法、附属立法和习惯法体系,澳门特区则是受到葡萄牙语国家影响的大陆法系地区。[①] 据此,粤港澳大湾区内部一般是通过三地进行沟通与协商,并就《框架协议》所鼓励的具体合作领域(如基础设施建设、外商投资)等达成相应的共识,从而形成具体的制度性文件。从这一角度出发,在粤港澳大湾区范围内进行相关的立法活动有一定的区别性,它既要兼顾特别行政区所享有的高度自治权,又要考虑《香港基本法》和《澳门基本法》"附件三"中所适用的港澳地区的涉海立法,而我国未来即将出台的《海洋基本法》和即将开展论证的《海洋经济法》都属于统一性的立法,它不会因我国香港和澳门地区的法域环境而有所改变。因此,调整粤港澳大湾区相关事务的行为规范与我国海洋立法之间存有区别与统一之间的对立关系,这种关系也决定了将这些规范纳入我国海洋立法体系中的复杂性。

(三) 厚度: 纲领与详尽间的包容

调整粤港澳大湾区相关事务的行为规范应该与我国海洋立法之间形成一种纲领与详尽间的关系。从我国先行众多的海洋立法上来看,无论它们是属于纲领式立法还是详尽式立法,纳入我国海洋立法中、调整粤港澳大湾区相关事务的行为规范应该具有原则性和纲领性,应全面把握住调整并规范粤港澳大湾区相关法律事务的基本方向,从而为大湾区内部构建框架性协议或未来即将形成的统一性立法奠定坚实的基础。这也意味着从立法数量上来看,粤港澳大湾区在我国海洋立法中的定位会相对直接、清晰和精简,它不必涉及大湾区内部各项事务里的细节,而必须要把握住最根本的东西,如鼓励并促进粤港澳三地的沟通与合作、尊重港澳两地高度的自治权等。与之相对应的是,我国涉海法律法规数量庞杂,除正在进行审议的《海洋基本法》之外,其他大部分

---

① 参见《香港基本法》第 8 条;《澳门基本法》第 8 条。

的法律法规都属于详尽式立法,而不仅是抽象地把握住各个门类立法的总体方向,这也是我国涉海法律法规在制定过程中的必然要求。

在把握粤港澳大湾区与我国海洋立法之间的互塑性关系的前提下,调整在粤港澳大湾区范围内相关事务的行为规范应该要在我国海洋立法中进行精准的定位,并把握好总体的规范方向和尺度。对此,学界在研究制定《海洋基本法》与《海洋经济法》的过程中就已经有过诸多探讨,应进行了充分地分析。

三、粤港澳大湾区在我国海洋立法中定位的路径比较

纵观我国现行海洋发展战略和立法工作计划,调整粤港澳大湾区相关事务的行为规范可以有若干种引入的载体和渠道,但从最贴切的角度出发,粤港澳大湾区在我国海洋立法中的定位路径主要有以下三种:

第一,明确于我国《海洋基本法》之中。我国《海洋基本法》中应将国家海洋战略和政策引入其中并将其作为该法的一部分,是国内学界针对《海洋基本法》的制定方向所作出的重要结论。[①] 无论《海洋基本法》的体例应该是纲领化的或是详尽化的,在强化海洋意识、促进海洋经济发展以及维护海洋权益等重要战略上都应要在这部法律中有所体现。[②] 在这样的要求下,粤港澳大湾区作为南部海洋经济区的重要规划路径应明确于我国《海洋基本法》之中,并纳入该法中涉及海洋经济的立法中,以为制定高效益、可持续开发和利用海洋资源的经济战略奠定坚实的制度基础。

第二,专章设于我国即将开展论证的《海洋经济法》里。论证并开展《海洋经济法》的制定活动是全国人大常委会于 2018 年年底审议《报告》时所作出的重要批复与意见,曾有学者也就我国海洋经济法律的体系化和制度化进行过专门的论述。[③] 同时,2019 年 2 月中共中央国务院印发《粤港澳大湾区发展规划纲要》中也在其第六章"构建具有国际竞争力的现代产业体系"中强调要大力发展海洋经济。[④] 因此,将粤港澳大湾区这一概念及其相关的法律规范引入我国即将开展论证的《海洋经济法》之中不失为是一种可行的路径。

第三,倒置于粤港澳三地所形成的《框架协议》之中。所谓"倒置",即将我

---

① 于宜法、马英杰、薛桂芳、郭院:《制定〈海洋基本法〉初探》,载《东岳论丛》2010 年第 8 期,第 165 页。

② 王建廷:《我国地方海洋立法技术分析》,载《海洋环境科学》2009 年第 1 期,第 97 页。

③ 曲波、杨川:《论海洋经济法律的体系化》,载《宁波大学学报》(人文科学版)2018 年第 6 期,第105—113 页。

④ 参见《粤港澳大湾区发展规划纲要》第六章。

国海洋立法中所要体现出的意识和大力发展大湾区海洋经济活动的理念注入《框架协议》之中，而不是正向的将粤港澳大湾区引入到现行即将制定并出台的海洋立法里。相比于前两种路径而言，这种"倒置"性做法显得更为直接，靶向性也更为突出。《框架协议》本身是粤港澳三地的一种合作协议，但在这个协议中所体现的合作重点领域里却没有以海洋为中心的合作内容，在这个空隙之下，倒置性的唤起三地就大力促进粤港澳大湾区内进行海洋经济开发与合作也不失为是一种新的定位方式。

粤港澳大湾区在我国海洋立法中定位的三种路径各有千秋，其关键在于如何在这三套方案之中加入一定的逻辑关联，这也意味着，这三条路径并不必然地相互排斥，而是可以共存于我国海洋立法这一整体之中。笔者认为，这三条路径的内部逻辑关联主要可以从以下三个方面予以概括：

一是将粤港澳大湾区置于我国《海洋基本法》或《海洋经济法》之中的两种做法是并行不悖的。作为其他涉海法律法规的上位法，我国即将出台的《海洋基本法》本身就是一种较高位阶的存在，无论下位法针对某个具体的涉海领域作出何种规范，《海洋基本法》完全可以在其内容之中作出原则性、抽象性的规定。从二者之间的关系来看，《海洋基本法》是我国《海洋经济法》的上位法，相较于后者，前者的规范更加具有原则性和纲领性。作为国家三大海洋经济区之一的南部粤港澳大湾区并不必然规范于《海洋基本法》之中，但是，这一概念完全可以被这部基本法所纲领化的提及，而在《海洋经济法》中进行具体的规范与安排。

二是倒置于粤港澳三地所形成的《框架协议》并不意味着重新补充协议内容。与前两部法律所不同的是，《框架协议》已经在早些年形成于粤港澳三地之间，它具有较强的纲领性。从内容上来看，《框架协议》里并没有直接提到三地之间针对海洋领域内的经济合作，在《粤港澳大湾区发展规划纲要》出台之前，它所能发挥的全局性作用仍然较为有限。根据"倒置"这一概念的表述，现行《框架协议》中只需要引入大力发展海洋经济活动这一理念和意识即可，不需要全面铺展相关内容，从目前粤港澳大湾区的内部合作来看，各地更倾向于就某一领域另行达成相关安排，并鼓励和倡导大湾区内部的各个地级市加入。例如，2019年2月，粤港澳大湾区内部若干市所缔结形成的《粤港澳大湾区卫生健康合作共识》。从这一角度出发，在大力促进粤港澳大湾区海洋经济的发展过程中，有关当局完全可以发起并促进形成相关的共识和协议，来解决相关的具体操作问题。

三是不同路径所体现的引领程度会有所差别。无论几种路径之间是否共存,抑或如何取舍,不同路径之间总会形成一定程度上的引领与被引领关系,这是基于不同规范定位路径背后所体现的位阶差异。当粤港澳大湾区这一概念引入两个或两个以上的规范之中时,不同规范之间所形成的纵向关系就会体现出来,并且引入较高位阶的法律规范会对较低位阶的法律规范形成引领与被引领的关系。以前两种定位路径为例,当粤港澳大湾区这一概念既明确于未来即将出台的《海洋基本法》之中,又被论证至未来即将出台的《海洋经济法》中,那么,前者相对于后者而言就体现得更为纲领化和原则化,引入《海洋经济法》中的相关规范不能与前者发生冲突,否则,会被视为是与《海洋基本法》相抵触。同时,从规范的数量上来看,后者所形成、调整与粤港澳大湾区内部的相关规范会更为细致和具体,而引入我国《海洋基本法》中的,调整与粤港澳大湾区内部的相关规范就不会过于复杂和烦冗。

四、域外海洋立法中大湾区的规范定位对我国的借鉴

我国建设粤港澳大湾区方才处于起步阶段,目前还尚未成熟的构建起一个法治化的环境。在众多域外国家中,美国和日本已经制定了海洋法,并且这两个国家也有发展历史悠久、制度体系更为成熟化的大湾区,如东京大湾区、旧金山湾区及纽约湾区。因此,在研究粤港澳大湾区在我国海洋立法中的定位时,对域外国家大湾区在本国海洋立法中的地位进行充分地分析,并获取有益的借鉴是有必要的。

(一)美国:相对独立化的规范定位

2017 年,旧金山湾区建立新的地区机构总部作为主要办公场所,试图通过共享业务地点与技术解决方案来提高合作治理效果核心部门包括湾区政府协会(ABAG)、大都会交通委员会(MTC)、湾区空气质量管理局(BAQMD)、旧金山湾保护和发展委员会(SFBCDC),涵盖了政策、交通、环境等众多公共领域。[①] 从立法定位上来看,尽管美国 2000 年制定了《海洋法》,但是,其条文内容大多只局限于国家的海洋战略和政策,从数量上来看也只有 7 条。[②] 因此,美国既没有在其本国的海洋法上提及大湾区,也没有单独制定一部成文法来调整与其本国旧金山湾区或纽约湾区内部事务的行为规范,而是采纳了一种

① 聂晶鑫、刘合林:《共享发展下国际湾区的治理经验及启示——以旧金山湾区为例》,载《2018 中国城市规划年会论文集》(2018 年 11 月 24 日),第 867—876 页。

② *Oceans Act*,Article 1－7。

相对独立化的规范定位与方式。

所谓相对独立化的规范定位,是指大湾区内部的各个机构自身有着明确且独立的立法权限,在一定的组织结构下针对不同事务制定相关的法律法规,其适用的范围辖于大湾区内部。相对独立化的规范定位产生于发展较为成熟的大湾区之中,其内部有着明确的权力分工,部门职责构建完善,且各司其职。① 如旧金山湾区内部的大都会交通委员会(MTC)、湾区空气质量管理局(BAQMD)和旧金山湾保护和发展委员会(SFBCDC)。以旧金山湾保护和发展委员会(SFBCDC)为例,它需要与加州海岸委员会进行相互配合,在1976年加州制定的《1976加利福尼亚海岸法》的基础上制定负责旧金山湾区海岸带的保护法律,如 McAteer-Petris Acts。② 除了旧金山湾区之外,纽约湾区的独立性更为突出,在它的范围下有纽约州、康涅狄格州和新泽西州等,除了属于美国联邦立法事务之外,各个州之间不存在一个针对湾区的顶层立法机构,而是在平行、平等的前提下针对具体的事务进行协商,以达成合作协议,而这种情形下的独立性规范会更为突出。③

美国大湾区相对独立化的规范定位也存在着与大湾区所在州之间相互联系、相互配合的关系,因此,对"独立化"的理解并不能作出绝对化的定论。在旧金山湾区中,加州规划和研究办公室与旧金山湾区政府协会之间就存在着"指导与被指导、约束与被约束"的关系,旧金山政府协会在符合加州总体规划的前提下有一定的权利规划并制定相关的法规和政策来解决本区住房、就业等内部事务问题。④ 除此之外,旧金山湾保护和发展委员会与旧金山海湾恢复局之间也就相关海洋污染防止、水清洁以及其他生态保护问题进行了进一步的合作和联系。

(二)日本:《海洋基本法》下的基本计划与政策

与普通法系国家的美国不同的是,日本是大陆法系国家,而且早在2007年日本就已经颁布并出台了《海洋基本法》。从体例上来看,日本《海洋基本

---

① Cody Nesper. Legitimate Protection or tactful abandonment: Can recent California legislation sustain the San Francisco Bay Area's Public lands? *Golden Gate University Environmental law Journal*, 153(2012), pp.154 - 155.

② See "Bay Area Metropolitan Rapid Transit District Act."

③ *New York v. New Jersey*, 256 U.S. 296, 313, 41 S. Ct. 492 (1921); *Water Pollution Control Act of 1948*, 33 U.S.C.A. 466(a).

④ Heyman, Ira Michael. Symposium: The San Francisco Bay Are — Regional Problem and Solutions. *California Law Review*, Vol.55, Issue 3, August 1967, pp.695 - 701.

法》属于纲领式立法。它的体系由总则、海洋基本计划、海洋基本政策以及综合海洋政策本部构成；而从内容上来看，日本《海洋基本法》也设立了专门的条款把握住整个国家海洋经济的重要性问题，如海洋资源的开发与利用、沿岸海域的综合管理以及海洋生态保护等。

日本《海洋基本法》非常重视国家有关部门对本地海洋基本计划和基本政策的制定，根据该法第十六条的规定："为了全面系统地推进海洋政策的实施，政府应当制定有关海洋的基本规划"。海洋基本计划应当包括以下事项：① 关于实施海洋政策的基本方针；② 政府为实施海洋政策而应采取的全面系统的措施；③ 除上述两项外，为全面系统地推进海洋政策所需的其他必要事项；[1]针对大湾区的海岸及沿岸海域的管理问题，日本《海洋基本法》也进一步强调了国家应对宜于实施一体化管理的海域和陆域采取措施，通过规制相关活动、实施综合政策等手段，进行适当管理。[2]

尽管日本《海洋基本法》并没有提及东京大湾区或者港湾等相关字眼，但是针对大湾区的海洋管理，日本政府已经出台了一些基本构想和基本计划，如1967 年日本政府就依本国的程序性立法颁布了《东京湾港湾计划的基本构想》，1999 年日本制定《"第五首都圈"基本计划》。[3] 近期从 20 世纪中叶到 21世纪初期，日本政府针对东京湾区所发布的一系列计划和法律法规也有五次。从这个角度出发，日本国内针对东京湾区的计划和立法与本国《海洋基本法》的立法精神高度统一，两者之间也形成了"被约束与约束""被指导与指导""具体与一般"的逻辑关系。尽管这些规范性文件或政府计划众多且比较散乱，但它们制定的核心以及最原则性的规范都能够在日本《海洋基本法》中"追本溯源"。因此，日本这部基本法完全能够对日本东京大湾区未来的计划和法律法规的制定提供坚实的保障，并为它们的出台提供了方向性的指引。当然，这也正是日本《海洋基本法》本身的作用和其价值的体现。

（三）域外大湾区规范定位对我国的借鉴

通过分析粤港澳大湾区在我国海洋立法中定位的路径，域外大湾区的规

---

[1] 参见日本《海洋基本法》第十六条，转引自庄玉友译，金永明校：《日本〈海洋基本法〉（中译本）》，载《中国海洋法学评论》2008 年第 1 期，第 128—133 页。

[2] 参见日本《海洋基本法》第二十五条，转引自庄玉友译，金永明校：《日本〈海洋基本法〉》（中译本），载《中国海洋法学评论》2008 年第 1 期，第 128—133 页。

[3] 林贡钦、徐广林：《国外著名湾区发展经验及对我国的启示》，载《深圳大学学报》（人文社会科学版）2017 年第 5 期，第 27—28 页。

范定位并不易清晰地梳理清楚,这主要是由于各个国家的立法传统与法系差别所导致的。这也表明,将粤港澳大湾区在我国海洋立法中进行定位,不宜全盘照抄或照搬其他国家的做法。然而,美国和日本针对本国大湾区的海洋性立法建设的某些细节值得我国借鉴,主要体现在以下两个方面:

第一,不宜定位于较高层级的立法之中。无论是美国还是日本,"湾区"(Bay Area)都不存在于它们国内较高层级的立法之中,如美国 2000 年的《海洋法》、日本 2007 年的《海洋基本法》,就这一点而言,值得我国所借鉴。我国在建设粤港澳大湾区的过程中,需要在我国涉海法律法规中体现出这种新型的滨海经济形态,然而,却不必存在于较高位阶的涉海立法中,如我国未来即将出台的《海洋基本法》。《海洋基本法》在我国具有"海洋宪法"的地位,它必须要把握我国所有涉海立法的基本方向和重要原则,而粤港澳大湾区作为一种滨海经济形态,它的视野和广度远不至于需要一部"基本法"来表达。除此之外,大湾区的设立目的具有明显的经济属性,是大力发展海洋经济的载体和平台,粤港澳大湾区以《海洋经济法》来规范比直接在《海洋基本法》中更为直接和贴切。

第二,确立海洋基本计划与政策对大湾区内部事务的指导地位。美国与日本国内都非常重视政府有关部门就大湾区内部事务制定相关的基本计划与政策,日本《海洋基本法》甚至还设立专章强调本地海洋基本计划和基本政策的重要性,这也是日本在制定本国《海洋基本法》的一大特色与亮点。笔者认为,粤港澳大湾区若要在我国海洋立法中寻求一个清晰的地位,必须有上位法的原则性规定作为"指引",尽管"大湾区"这一概念并不必然地出现在《海洋基本法》之中。从这一点来看,日本的做法值得借鉴。它首先在章节的布局上突出了本国海洋基本计划与政策的指导性作用,而后再制定相关的发展计划或法律法规。

五、我国海洋立法中粤港澳大湾区的定位再思考

结合粤港澳大湾区在我国海洋立法中定位的路径比较以及域外海洋立法中大湾区的规范定位方式,笔者认为,粤港澳大湾区在我海洋立法中的定位应做如下结论性分析:

(一)出台粤港澳大湾区内部发展海洋经济的计划与政策

我国已经于 2019 年 2 月出台《粤港澳大湾区发展规划与纲要》,并在其中强调了要大力发展海洋经济。考虑到粤港澳大湾区内部事务具有广泛性和复

杂性,这部《纲要》并没有过多回应要如何具体发展本地区的海洋经济,只是给了诸多方向性的领域。笔者认为,粤港澳大湾区在我国海洋立法中进行定位,需要依照《粤港澳大湾区发展规划与纲要》的要求前置性地出台相关的大湾区海洋经济发展计划与政策,具体可围绕海洋产业基地、海洋功能区划、深海海域利用、现代海洋产业体系、海洋金融服务行业等多个问题展开。

在制定相关的计划与政策的时候,有关部门可以有两个切入点:其一,以大力发展海洋经济为整体出台一个完整的发展计划与政策。这种做法将各个发展海洋经济的具体领域整合于一部计划或纲要之中,其主题就围绕着"大力发展大湾区海洋经济"展开;其二,以具体的海洋事务为切入点出台多个发展计划或政策。这种做法以海洋产业基地、海洋功能区划、深海海域利用等多个具体的海洋事务为切入点,分别制定多个发展计划与政策,其细致程度会更加深入。出台发展海洋经济的计划与政策是美国和日本共同的做法,它发挥着指引作用,其目的在于引导着大湾区内部的立法出台,辅助相关法律法规获得原则性的支撑与依据。因此,出台粤港澳大湾区内部发展海洋经济的计划与政策不仅是借鉴了美国和日本两个国家的做法,更是我国粤港澳大湾区大力发展海洋经济的必然途径。

(二)论证并定位于即将出台的《海洋经济法》

粤港澳大湾区的定位应该着眼于未来即将出台的《海洋经济法》之中,且在具体的制度安排上不宜于过分细致,而是要注重纲领化,以及对粤港澳大湾区发展和建设的原则性把控。笔者认为,之所以这样进行定位和处理,主要有两方面的原因:

其一,粤港澳大湾区的起步式发展与《海洋经济法》的待论证状态不谋而合。我国《海洋经济法》目前处于一个正在论证并亟待出台的状态,其规范结构和体例安排处在尚可调整的环节中,整个规范出台的过程也需要一定的时间加以沉淀;而作为一种重要的滨海经济形态,粤港澳大湾区的建设也正在起步和发展过程中,它是一种新型的,且具有战略意义的海洋经济形态,就目前来看,还处于积极发展与筹备,却尚未成熟的状态之中。我国当下海洋经济正面临着转型与调整的过程,《海洋经济法》的制定也不能忽略我国新出现的重要滨海经济形态。粤港澳大湾区的起步式发展与《海洋经济法》的待论证状态不谋而合,它能够为这部规范的出台提供更多的规范思路,从而避免立法与实践的脱节。

其二,粤港澳大湾区的本质仍是三地的平行式沟通与交流。对于粤港澳大湾区而言，内地与我国香港和澳门地区之间长期有着就某事达成一致的协议或安排的习惯性做法，除非《香港基本法》和《澳门基本法》"附件"中所提到的由中央保留立法权限的特定事务，如军队和外交事务等。对于大湾区及其内部的若干事务而言，我国香港和澳门特区对本行政区范围内的诸多与经济活动相关的事项享有高度自治权，故如由内地主导，将大量统一性的规范加之于粤港澳大湾区，恐怕不符合国家"一国两制"的重要方针，也不是一种尊重港澳地区享有一定自治权的行为。因此，在我国《海洋经济法》的制定过程中，针对粤港澳大湾区的行文部分要尽可能的纲领化、原则化和方向化，不宜过于具体和细致。从内容上来看，我国《海洋经济法》中可以强调粤港澳大湾区内的区际合作、鼓励就大力发展海洋经济形成共识与安排、加强大湾区内部海洋环境合作与教育等。

六、结语

粤港澳大湾区在我国海洋立法中应该获得一席之地，且主要聚焦于未来即将参与论证并出台的《海洋经济法》之中。应该注意到的是，粤港澳大湾区的构建目前仍然处于一个起步、初始的阶段，其内部的法域环境较为复杂，法治环境构建也会相对困难，大力发展海洋经济的相关工作目前也暂时处于初始阶段。因此，未来粤港澳大湾区应如何引入我国即将出台的《海洋经济法》中，制度上应该怎样规定，还需要进一步观察大湾区建设和发展的实际情况，不能操之过急。

Analysis on the Legal Location of the Guangdong-HK-Macao Greater Bay Area in Our Marine Legislation

WANG Chong

Abstract： The concept of the Guangdong-HK-Macao Greater Bay Area should be introduced into marine legislation of China. There are three logical links, which are element and entirety, distinction and unity and program and detail, between the Bay Area and this concept. When compared with different paths of legislation, there are three ways for consideration, which are legislated into our "Basic Law of the Sea", legislated into our future

"Economic Law of the Sea" and amend the framework agreement between Guangdong，HK and Macao. After analyzing relevant legislation from United States and Japan，China should draw lessons from the common practices of the two countries that trying to formulate plans and policies for the development of marine economy in the Great Bay Area. At the same time，we need to put this concept into our future "Economic Law of the Sea". In terms of the style of the legislation，the form of the law should not be too extensive and rigid in the arrangement of specific systems，but should grasp the overall direction of marine economic development of the Bay Area programmatically and principally.

Key Words：Guangdong-HK-Macao Greater Bay Area；marine legislation；Economic Law of the Sea；Basic Law of the Sea

【参考文献】

[1] 曲波、杨川：《论海洋经济法律的体系化》，载《宁波大学学报》（人文科学版）2018 年第 6 期。

[2] 李志文、马金星：《论我国海洋法立法》，载《社会科学》2014 年第 7 期。

[3] 曹兴国、初北平：《我国涉海法律的体系化完善路径》，载《太平洋学报》2016 年第 9 期。

[4] 王崇：《粤港澳大湾区区际判决终局性认定——以"湾区意识说"为进路》，载《深圳大学学报》（人文社科版）2018 第 6 期。

[5] 蒋朝阳：《"一国两制"下中央对特别行政区全面管制权之释义分析——兼论全面管制权与高度自治权的关系》，载《吉首大学学报》（社会科学版）2018 年第 5 期。

[6] 马明飞：《我国〈海洋基本法〉立法的若干问题探讨》，载《江苏社会科学》2016 年第 5 期。

[7] 于宜法、马英杰、薛桂芳、郭院：《制定〈海洋基本法〉初探》，载《东岳论丛》2010 年第 8 期。

[8] 王建廷：《我国地方海洋立法技术分析》，载《海洋环境科学》2009 年第 1 期。

[9] 曲波、杨川：《论海洋经济法律的体系化》，载《宁波大学学报》（人文科学版）2018 年第 6 期。

[10] Cody Nesper., Legitimate Protection or tactful abandonment：Can recent California legislation sustain the San Francisco Bay Area's Public lands? *Golden Gate University Environmental Law Journal*，153(2012).

[11] *New York v. New Jersey*，256 U.S. 296，313，41 S. Ct. 492 (1921)；*Water Pollution Control Act of 1948*，33 U.S.C.A. 466(a).

[12] Heyman，Ira Micheal，Symposium：The San Francisco Bay Are—Regional Problem and Solutions. *California Law Review*，Vol.55，Issue 3，August 1967.

[13] 庄玉友译,金永明校：《日本〈海洋基本法〉》(中译本),载《中国海洋法学评论》2008 年第 1 期。

[14] 林贡钦、徐广林：《国外著名湾区发展经验及对我国的启示》,载《深圳大学学报》(人文社会科学版)2017 年第 5 期。

国际司法裁判中"不超出诉讼请求"规则探析

侯丽维 *

摘 要：不超出诉讼请求规则既维护当事方诉讼请求利益的充分实现，又限定国际争端解决机构管辖权的边界，还成为抗辩越权裁决的合法依据，该规则已成为国际习惯并在国际诉讼与仲裁程序中适用。南海争端所涉利益重大，利害关系错综复杂，再次通过法律手段解决南海争端亦会面临不超出诉讼请求规则的限制。因此，今后在国际司法程序中适情、适时运用不超出诉讼请求规则来积极维护我国的合法权益就显得尤为重要。

关键词：司法裁判；不超出诉讼请求；南海争端

一、问题的提出

2013 年 1 月 22 日，菲律宾援引《联合国海洋法公约》（以下简称《公约》）第 287 条和"附件七"针对中国单方面提起仲裁，中国政府一再申明不接受、不参与的严正立场。仲裁庭执意推进仲裁程序，并于 2016 年 7 月 12 日作出裁决，在该裁决的主文和推理部分中，仲裁庭对超出菲律宾最终诉求所提事项妄

---

* 侯丽维，海南大学法学院博士研究生。研究方向：国际法。邮箱：362730498@qq.com。

加论断或裁决。① 事实上,仲裁庭的这一做法为国际司法实践所确立的"不超出诉讼请求"规则(Non Ultra Petita Rule)所禁止,其所作裁决超越其管辖权的依据,因越权而无效。

国际法院不能就超出当事者请求范围的事项进行判决,即不超出诉讼请求规则是国内民事裁判中的一个诉讼程序规则,其限制了法院在判决中相应的处分行为,然而在国际裁判中,在许多情况下,它都被认为是一个与管辖权原则相关的规则。② 在"庇护(解释)案"中,国际法院对不超出诉讼请求规则作如下阐释:"法院不仅有义务限于回答争端方在最终诉求中所陈述的问题,而且有义务避免就诉求不包含的事项作出判决"。③ 国际法院可以对当事国的请求主题和诉求进行解释,但在原则上不能作任何变更。

不超出诉讼请求规则作为国际诉讼与仲裁程序中一项基本的国际法规则,不仅对国际司法机构的管辖权扩张产生了有益的规制,而且还有利于推动国际诉讼与仲裁程序的公正与权威。本文以国际司法裁判中"不超出诉讼请求"规则为研究视角,对该规则的国际司法价值、作为国际习惯的证成以及实践考察这三个方面加以梳理及评析,以期能对南海争端的解决有所裨益。

二、不超出诉讼请求规则的国际司法价值

在国际诉讼与仲裁程序中,不超出诉讼请求规则的地位和作用不容小觑。

首先,不超出诉讼请求规则是维护当事方诉讼请求利益的充分实现。对于这一点,在领土与海洋争端案件中的表现尤为明显,在"卡西基利/塞杜杜岛案"中,特别协议要求对博茨瓦纳和纳米比亚之间的边界以及争议岛屿的地位作出判决。在该案的判决中,法院回答了这些问题,但令人惊讶的是,法院的一名成员要求当事双方对岛屿和航道实行联合管理的机制协商一致,并作为一种环境保护手段,④且不论此要求的初衷是否正确,事实上,当事方已超出了法院判决提供基础的特别协议所指明的内容要求,在违反不超出诉讼请求规则的同时,也忽略了应以当事双方真正的诉求利益为主的规则。因此,

---

① 中国国际法学会:《南海仲裁案裁决之批判》,外文出版社 2018 年版,第 151 页。

② Gerald Fitzmaurice, *The Law and Procedure of the International Court of Justice*, Vol. II, 1986, Grotius Publications, p.524.

③ ICJ Reports 1950, p.402.

④ Kasikili/Sedudu Island (Botswana/Namibia) ICJ Reports, 1999, See the dissenting opinion of Judge Weermantry, paras. 114 – 116.

不超出诉讼请求规则在一定程度上可以阻却超出当事方诉求范围的不合理判决及仲裁裁决,从而在尊重当事方真实意愿的基础上确保实现其诉求利益的最大化。

其次,不超出诉讼请求规则限定了国际争端解决机构管辖权的边界。该规则限制了争端解决机构在国际司法裁判中相应的处分行为,无论当事方是通过特别协议还是诉讼主张提出的要求,其管辖权必须限制在双方所提出的范围内。在"自由区案"中,瑞士在诉讼的程序阶段要求划定关税界线,而法国对此表示反对。常设国际法院判决拒绝受理瑞士的请求,因为"没有得到法国的同意,而且这个问题是属于特别协议赋予常设国际法院的管辖权范围之外的问题"。① 由此可以看出,不超出诉讼请求规则是一项严格的管辖权规则,至少在其主要方面,此规则为同意原则的衍生法规,而违背不超出诉讼请求规则的裁决实质为突破管辖权界限的越权裁决。因此,不超出诉讼请求规则将争端解决机构的管辖权置于合适的"笼子"内,并进一步锁定其管辖权的边界,成为限制司法裁判者管辖权扩张的关键因素,对于维护国际司法的权威和公正发挥了重要作用。

最后,不超出诉讼请求规则成为抗辩越权裁决的合法依据。当法官或仲裁员在司法裁判中超出审理范围或越权行事时,必然会影响国际争端解决机构作出裁决的效力,其违背不超出诉讼请求规则最终所作出的裁决很可能会导致无效或被撤销。1958 年,国际法委员会在《仲裁程序示范规则》第 35 条中列出了"普遍承认地导致裁决无效的……情况",其中就包括法庭超越其权力。当仲裁庭超越特别协议规定的权限时,其裁决就可被视为无效,这类越权可能包括仲裁庭就未提交给它的事项作出裁决,或适用了未授权的规则。② 正如约翰·巴西特·摩尔(John Bassett Moore)法官所说的:"始终铭记这样一种事实,即在超越权力情况下作出的判决可能被认为是无效的,国际法庭都认为管辖权是一个根本性的问题。"③因而,不超出诉讼请求规则的设立能有效地抗辩国际司法裁判中的越权裁决,同时,也为争端解决机构在合理限定裁决的范畴方面增设了一道"安全阀"。

---

① PCIJ Series A/B, No.46, p.73.

② [英]马尔科姆·N.肖:《国际法》(第 6 版),白桂梅、高健军、朱利江、李永胜、梁晓晖译,北京大学出版社 2011 年版,第 830 页。

③ PCIJ: Mavrommatis Palestine Concession Case(Jd.)(1924), Dissenting Opinion by Moore, pp.57 - 60.

三、不超出诉讼请求规则作为国际习惯的证成

在国际法院的司法裁判中,"不超出诉讼请求是一项牢固确立的规则"。①但是,对于其他争端解决程序而言,是否可以适用不超出诉讼请求规则却并不明确,该规则是否已经上升为国际习惯还有待论证,尤其在利用《联合国海洋法公约》(以下简称《公约》)解决海洋争端时,这个问题就显得尤为重要。根据《公约》第 287 条规定,《公约》在为强制解决有关其解释或适用的争端时提供了四个可供选择的国际机构,其中包括按照"附件七"组成的仲裁法庭和按照"附件八"组成的特别仲裁法庭,这两者均是非常设机构,并不存在固定的法庭程序规则,其一般均是法庭在通过与争端方协商的基础上制定而成的。② 在南海仲裁案中,仲裁庭对其是否有权审理超出菲律宾诉求的事项未加任何考虑,甚至并未意识到这是一个问题。因此,在拟定仲裁规则时,不超出诉讼请求规则是否当然适用于强制仲裁程序,并对仲裁庭管辖权有所限制将是一个不容忽视的关键问题。国际法学界的传统观点认为,形成国际习惯有两个构成要件——法律确信和国家实践。不超出诉讼请求规则在国际实践中已成为国际习惯具有充分的证据。

第一,不超出诉讼请求规则产生的理论依据是一般国际法原则,主要包括以下两点:

(1) 同意原则(the principle of consent)。国际裁判管辖权的同意原则不仅是国际法院,也是包括仲裁在内的国际司法裁判的一般原则。《国际法院规约》第 36 条第 1 款就提及"法院之管辖包括各当事国提交之一切案件"。《国际法院规则》第 38 条第 5 款规定:"当请求国提出以被告国尚未表示的同意为法院管辖权的根据,请求书应转交该被告国。但该请求书不应登入总目录,也不应在程序中采取任何行动,除非并直到被告国同意法院对该案有管辖权。"1958 年国际法委员会在《仲裁程序示范规则》序文第 4 条也指出:"本示范规则向争端当事国建议的程序不应属于强制的性质,除非有关各国以仲裁协定或以其他形式的约定同意采用这些程序。"常设国际法院以及现行法院都反复确认,各争端当事国的同意,亦即两国的合意(consent)是管辖权的基础。在"英伊

---

① Oil Platforms(Iran v. USA)case, ICJ Reports, 2003, p.115.
② 李文杰、张丽娜:《"初步反对的权利"研究及在我国海洋纠纷中的运用》,载《社会科学》2014 年第 7 期,第 97 页。

石油公司案"中,国际法院秉持常设国际法院的立场,进一步明确"除非当事双方根据《国际法院规约》第 36 条同意法院管辖,否则法院不具备该案的管辖权"。①

(2) 职权原则(the principle of competence)。其要求仲裁庭应该严格按照它的宪法性法律作出裁决,否则,将导致裁决无效,例如,罗马法中就有类似规定:"仲裁人不得超越仲裁协定的权限"(Arbiter Nihil Extra Compromissum Facere Potest)。② 职权原则的有关内容在《国际法院规约》中也有所体现,其第 38 条第 1 款指出:法院的职责是"根据国际法裁决提交给它的争端"。③ 因此,法院的任务必须是在国际法的基础之上对手头的法律争端作出回应。一旦法院确立起了管辖权,它必须根据已经发现存在管辖权的表述来审理争端的内容,因为原则上,就有关争端来说,法院不能审理它断定的双方一致同意的范围以外的事项。④ 可见,不超出诉讼请求规则的理论依据是已被广泛接受的一般国际法原则,而不超出诉讼请求规则也成为国际习惯的"法律确信"。

第二,国际司法中的充分实践。基于不超出诉讼请求规则,国际法院在其裁判历史中对于该规则具有丰富的实践,较为典型的案例如下:在"科孚海峡案"中,国际法院对于专家所评定的超出英国主张的赔偿额并不认可,指出"实际赔偿金额不得超过英国政府诉求所要求的金额",在"印度领土过境权案"中,国际法院拒绝判定是否存在请求书和最终诉求中均未提出的违反一般国际法的行为;在"巴塞罗那电车案"中,国际法院拒绝对申请方未提出的主张依据或理论进行考察;在"逮捕令案"中,国际法院再次强调其"无权就未请求的问题作出判决"。除此之外,在国际仲裁中,对于不超出诉讼请求规则的实践主要体现为限制仲裁机构管辖权扩张作出越权裁决,代表性的案例,如 1831 年英国与美国之间的"东北边界争端案";1910 年常设仲裁院审理的闻名遐迩的"Orinoco Steamship Co. 案";1911 年的"查米佐尔案"(墨西哥/美国);1977 年英国和法国之间的"Channel 仲裁案"等。

四、不超出诉讼请求规则的实践考察

在国际司法实践中,不超出诉讼请求规则的具体应用可以从该规则的适

---

① ICJ Reports 1952, p.103.

② [德]马克斯·普朗克比较公法及国际法研究所主编:《争端的解决》,陈致中、李斐南译,中山大学出版社 1988 年版,第 246 页。

③ ICJ Statute, above No.2, art 38(1).

④ Oil Platforms (Iran v. USA) case, ICJ Reports, 2003, p.161, p.183.

用主体、适用时间和适用范围三个方面来探讨。

(一)适用主体

第一,不超出诉讼请求规则可由案件当事方提起适用。以"查米佐尔案"为例,国际边界委员会在被要求"应只决定查米佐尔地区的国家主权属于美国还是墨西哥"时,将该地区在两国之间进行了划分。美国委员在其反对意见中指出:国际边界委员会在当事方并未提交的问题上作出裁判,显然背离其职权,美国代理人也对裁决提出了抗议。① 从上述案例看出,当事方在面对仲裁机构或仲裁员作出的越权裁决时,都以其超出提交事项范围的裁决行为实质上违背了不超出诉讼请求规则为由积极提出抗议。

第二,不超出诉讼请求规则可由争端解决机构主动适用。在英国和法国间的 Channel 仲裁案的诉讼过程中,为了在海峡群岛与诺曼底和布列塔尼的海岸之间的区域划定海底边界,需要对涉及双方领海的一些争议问题作出裁定。由于这会超出仲裁协议的条款,而英国和法国明显不愿意对协议进行扩充,法院判决对该区域划界超出了它的权限,必须留待当事双方自己去解决。可见,国际争端解决机构主动运用不超出诉讼请求规则从而避免处理超出其职权范围之外的事项。

(二)适用时间

接下来探讨不超出诉讼请求规则的适用时间,在司法程序的哪个阶段适用不超出诉讼请求规则?

第一,这一规则不适用于管辖权的审查程序,与当事国的主张无关,国际法院对自己的管辖权享有决定权。对这一点,国际法院给予了反复确认。麦克奈尔法官认为:"国际法院不能将管辖权问题视为是一个仅仅涉及当事国之间的问题",因此,国际法院必须采取"自发行动"(acting proprio motu)去确认管辖权。② 在"边界和跨边界武装行动案"中,国际法院判定:"在行使司法职能时,国际法院必须能够自由地依据所能利用的全部证据,对这个问题(管辖权问题)作出自己的决定"。③

第二,不超出诉讼请求规则不适用于附带程序。依据《国际法院规则》第 75 条和第 76 条的规定,法院多次强调,它可以随时决定指示、撤销或修改

① 高健军:《国际仲裁法庭越权:判定标准与发生情形》,载《边界与海洋研究》2017 年第 2 期,第 26 页。

② Individual Opinion of President McNair, ICJ Reports 1952, p.116.

③ ICJ Reports 1988, p.95, para.65.

临时措施而不受当事方的请求影响。据此,法院自行指示的临时措施内容可以超出当事方所请求的范围,因为两者目的不同:一方当事人寻求临时措施主要是为了维护自身免受另一方行为对其权利造成严重损害的可能性;而法院主动指示临时措施主要是为了防止当事双方之间关系恶化或争端升级,这些负面影响将不利于法院的正常运作以及和平解决争端。在这一点上,法院以更广阔的视野来考量并以集体利益为导向。因此,法院不允许当事各方及其特定诉求的态势限制它的自主行动自由,并且这种行动更符合一般利益。因而,法院根据其固有权力主动采取临时措施,以确保程序的正常运行并维护司法公正。

第三,不超出诉讼请求规则可适用于案件的实质问题审理阶段。例如,在"印度领土过境权案"中,葡萄牙请求国际法院在判决中宣布:印度没有履行与通行权对应的义务。但是,法院指出,在请求书和各当事国的最终诉求中,没有裁决印度对那些在 1954 年 7 月和 8 月煽动推翻达德拉和纳加尔-哈维利的葡萄牙当局人的行为,是否违反了据称根据一般国际法对其有约束力的义务,即采取适用措施阻止颠覆分子进入另一国家领土的义务。可见,在案件的实质问题审理阶段,不超出诉讼请求规则得以适用,其重要价值也得以彰显。此外,在诉讼过程中就实质问题而言,如果有关请求事由的裁判不可避免地涉及确定第三方的权利和义务,法院也不得在未经第三方同意的情况下对该请求作出决定(所谓不可或缺第三方原则或货币黄金原则)。

第四,不超出诉讼请求规则可适用于案件审理结束之后。尽管目前还未出现在案件审理结束后据此规则来抗辩生效裁决法律效力的先例,但可以明确的是,争端解决机构在国际司法裁判中如果违背不超出诉讼请求规则,其最终所作出的裁决很可能会导致无效或被撤销。在这一点上,"Umpire 案"系列案件中的格拉纳达—美国求偿委员会(Granadine-United States Claims Commission)成为很好的例证。两国指派的委员把这些案件提交给首席仲裁员请求就某些先决问题作出裁决,但首席仲裁员并未把审理范围局限于先决问题,相反,他针对案件事实问题作出了裁决。仲裁员此举不仅逾越了创设求偿委员会的公约针对他所设定的权利界限,实质上也违反了不超出诉讼请求规则。格拉纳达指派的委员就此提出了抗议,这些裁决被后来设立的求偿委员会所撤销,并对案件进行了重新审理。

（三）适用范围

不超出诉讼请求规则应适用于判决的哪一部分? 该规则是否适用于判决

"理由"中的法律裁定？关于不超出诉讼请求规则的适用范围,国际法院在"印度领土过境权案"中指出：当提出的问题不包括在诉求中时,则可以在判决的"理由(reasons)"中考虑这些问题,但在判决的"执行部分(the Operative Part)"中可能不会这样做。① 在该裁决中,法院基本上确立了要遵循的方向。

在"逮捕令案"中,国际法院明确了这一点。比利时在关于不超出诉讼请求规则的附带理由中指出：刚果最初提交的诉讼请求包括两个方面问题,即比利时法官缺乏普遍管辖权问题和刚果外交部部长享有管辖豁免权的问题,但是,刚果在最后提交的诉讼请求中仅提到管辖豁免权问题,因此,法院应依上述规则仅对管辖豁免权问题进行审理。法院评述说："尽管法院因此无权就未请求的问题作出判决,但是不超出诉讼请求规则不能妨碍法院在其法律推理过程中处理特定法律问题。因此在本案中,法院不得在判决的执行部分(the Operative Part)就比利时调查法官为执行其所称的普遍管辖权而发布的有争议的逮捕令是否符合有关国内法庭管辖权的国际法规则和原则问题作出判决。但这并不意味着法院不能在其认为需要或愿意的情况下,在判决的法律推理部分处理这一问题的某些方面"。

尽管这可能给不超出诉讼请求规则的适用范围带来一些不确定性,但从上述案件国际法院和法官的论述得知,如果起诉国未在其最后提交的诉讼请求中提出,法院无权就未提出的问题在判决的"主文/执行部分"中作出决定,其可以在判决的"理由/推理"部分进行讨论,但必须是"法律问题",而非可以合理认为是起诉国诉求或诉求组成部分的问题。

五、不超出诉讼请求规则对南海争端的启示

回顾之前落下帷幕的南海仲裁案,仲裁庭在"7月12日裁决"的主文和推理部分中,对于菲律宾并未请求仲裁庭裁定的有关地物的地位、有关有害捕鱼行为的发生地被扩大到黄岩岛和仁爱礁以外区域,有关中国在南海是否享有历史性权利,以及有关中国南沙群岛作为整体主张海洋权利的讨论和决定,超越了菲律宾在其最终诉求中的请求,违背了不超出诉讼请求规则。仲裁庭逾越了确立本仲裁案管辖权的国家同意之界限,使相关结论甚至整体裁决归于无效。

南海争端属于典型的多边争端,也是目前世界上最敏感尖锐的海权争端,所涉利益重大,利害关系错综复杂,南海邻国再次通过仲裁和司法解决南海争

---

① ICJ Reports 1960, p.32.

端亦会面临不超出诉讼请求规则的限制。为此,我国应重视和发挥不超出诉讼请求规则在国际司法裁判中的关键作用,该规则可在国际司法程序的不同阶段排除争端解决机构管辖权以及否定其越权裁决的效力。

首先,在实体问题审理阶段,不超出诉讼请求规则可作为排除争端解决机构管辖权的依据。当法官或仲裁员在国际司法裁判中超出审理范围或越权行事时,当事方可积极运用不超出诉讼请求规则来排除其对超出诉求范围的管辖权,督促争端解决机构在尊重当事方诉求的基础上合理行使管辖权限,从而作出公正裁决。其次,在案件审结后,不超出诉讼请求规则可作为否定生效裁决法律效力的理由。根据上文分析,如果争端解决机构在国际司法裁判中违背不超出诉讼请求规则,其最终所作出的裁决很可能会导致无效或被撤销,当事方可据此否定其裁决的法律效力。因而,不超出诉讼请求规则还可作为我国否定南海仲裁案合法性的法律依据。

作为习惯国际法的重要组成部分,不超出诉讼请求规则所体现出国际法的公正、平等和法治的意义非同小可。不超出诉讼请求规则的发展极大地推进了国际司法程序的完善,推动了国际争端和平解决的进程。如今随着世界各国对海洋依赖性的增强,各类海洋权益的争夺战将会接踵而至。在我国南海海域,未来还可能出现与越南、菲律宾、马来西亚等的海权纠纷;在东海海域,可能出现与韩国、日本等的海权纠纷。面对当今复杂的海上局势,适情、适时地运用不超出诉讼请求规则就显得尤为重要,从而切实捍卫我国领土主权以及自身的海洋权益不受侵犯。与此同时,党的十九大确立的习近平新时代社会主义思想展现了我国当前对海权的重视程度,政策导向亟须对国际法基础内容进行充分探究,尽早熟悉并有效运用国际司法程序相关理论规则,积极推动以和平方式解决南海争端。

Exploration of "Non Ultra Petita" Rule in International Judicial Adjudication

HOU Liwei

Abstract: "Non ultra petita" rule not only maintains the fully realized demands of interests from disputing parties involved in the case, but also limits the boundaries of jurisdiction of the international dispute settlement organizations, and becomes the legal basis for demurring to the adjudication ultra vires, which has become international custom and applies in international litigation and arbitration procedure. The South China Sea dispute is involved in great interests and the stakes are complicated. Resolving the South China Sea dispute through legal means again will also face restrictions of "non ultra petita" rule. Therefore, it is particularly important to actively protect the legitimate rights and interests of China in the international judicial process by properly and timely applying "non ultra petita" rule in the future.

Key Words: Judicial Adjudication; "Non Ultra Petita"; South China Sea Dispute

【参考文献】

［1］ Takane Sugihara, The Principle of Jura Novit Curia in the International Court of Justice: With Reference to Recent Decisions, 55 Japanese Y.B. Int'l L. (2012).

［2］ Robert Kolb, *The International Court of Justice*, Hart Publishing, 2013.

［3］ John Bassett Moore, *History and Digest of the International Arbitrations to Which the United States Has Been a Party*, Nabu Press, 1988.

［4］ Gerald Fitzmaurice, *The Law and Procedure of the International Court of Justice, 1951–1954: Questions of Jurisdiction, Competence and Procedure*, 34 Brit. Y. B. Int'l L.1(1958).

［5］ 郑斌:《国际法院与法庭适用的一般法律原则》,韩秀丽、蔡从燕译,法律出版社 2012 年版。

［6］ ［日］杉原高嶺:《国际司法裁判制度》,王志安、易平译,中国政法大学出版社 2006 年版。

［7］ ［英］J.G. 梅里尔斯:《国际争端解决》,韩秀丽、李燕纹、林蔚、石珏译,法律出版社 2013 年版。

专题探讨

关于对当代海权研究的
几点思考[*]

关于对当代海权研究的
几点思考[*]

杨 震 王 森[**]

摘 要：冷战结束后，国际关系发生了巨大而影响久远的深刻变化。海洋的战略地位开始提高，海权问题的研究开始兴起。从国内外海权研究的概况来看，国外海权研究主要集中于三个领域：地缘政治理论、军事思想和历史。国内的海权研究主要是从以下角度进行的：海上强国海权问题的视角、马汉海权论的视角、海上强国历史兴衰的视角、海权与大国崛起的视角、中国海权以及海权与中美关系的视角。整体来看，海权研究存在一些问题：在后马汉时代的海权著作中把国际关系和军事理论紧密结合的著作尚不多见；未能跟上新军事变革的潮流；很少考虑全球化因素和非传统安全因素；当代海权研究缺乏系统性，没有能够建构一个完整的理论体系。就后冷战时代海权研究的角度而言，以往的海权理论不能适应和平与发展的时代主题；不能适应多极化的国际政治现实；不能适应全球化的经济现实；不能适应新军事变革后的军事斗争需要。后冷战时代的海权理论研究任重而道远。

关键词：当代；海权；研究；思考

* 国家社科基金 2011 年度重大项目"当代国际核政治和我国国家安全研究"(11&ZD181)；2019 年上海交通大学智库引导性研究项目(ZKYJ – 2019005)。
** 杨震，北京大学海洋战略研究中心特约研究员；王森，云南财经大学国际工商学院特约研究员。

海洋是生命的摇篮、资源的宝库、交通的命脉，是世界各个民族繁衍生息和持续发展的重要资源。[①] 人类所居住的地球是一个表面积 70.8％被海洋所覆盖的蓝色星球。人类生存位置距海洋的距离与其文明程度之间明显存在着一种正比例关系。据统计，当今世界上，全世界 200 多个 100 万以上人口的大城市，3/4 集中在狭长的沿海地带；300 多万人口以上的特大城市，沿海地区集中了 80％。海洋对于人类具有巨大的资源价值、通道价值。正因为如此，海洋也成了人类重要的利益争夺场所。自有文字记载的历史发端以来，世界各民族间在海洋上的斗争就一刻也没有停止过。[②] 随着历史的前进，时代的发展，技术的进步，人类对海洋的控制、开发和利用也经历了一个漫长的发展过程。随着陆地资源的逐步枯竭，人类开始将未来发展的眼光投向了太空与海洋。受技术条件限制，开发太空在现阶段以及未来较长一段时间并不是现实的选项，海洋因此成为人类未来的希望，也是人类生存的"第二空间"。在政治多极化、经济全球化与新军事变革来临的后冷战时代，人类应怎样经略海洋？ 如何解决日益激烈的海洋争夺与落后于时代需要的传统海权论之间的矛盾？ 面对已经变化了的时代特征、国际政治环境和大战略，国家应如何控制、开发和利用海洋？

一、研究后冷战时代海权的必要性

随着 1989 年柏林墙的拆除和 1991 年苏联的解体，持续近半个世纪之久的冷战结束了，覆盖全球的东西方对抗终止了，国际关系由此进入了一个新的时代。由于人们很难立即给这个时代下一个确切的定义，"后冷战时代"（Post-Cold War Era）就成为当时人们描述冷战后世界最常用的词汇。但是，人们并不甘于永远使用这个词汇。人们一遍又一遍地对"后冷战时代"进行一种新的推测与判定，一遍又一遍地宣布"后冷战时代"的终结，可迄今为止还没有找到一种令人满意的"后冷战时代"的替代说法，但"后冷战时代"仍在延续。[③] 当前国际秩序与战略格局都处于深刻的调整中。未来的国际关系仍然存在多重的不确定性。大国力量对比直接决定国际体系的构成与特征。从国家力量发展的周期来看，至少还要 10—20 年。也就是说，可能在 2020 年前后，国际关系

---

① 李明春：《海洋权益与中国崛起》，海洋出版社 2007 年版，第 22—23 页。
② 王昉、郭天倚：《美国海上力量——由海到陆》，海洋出版社 1999 年版，第 1 页。
③ 刘德斌：《"后冷战时代"的推测与判定》，载《吉林大学社会科学学报》2002 年第 4 期，第 35 页。

的体系具备比较完备的形态。① 从时间跨度上讲,后冷战时代开始于冷战结束的 1991 年,现在尚未结束。国际关系进入后冷战时代之后,海洋的重要性非但没有下降,反而有上升的趋势。

就地理环境与人类的关系来说,陆地、海洋、大气层和外层空间对人类的意义不是等量齐观的。陆地是居住空间,是人类安身立命的场所;海洋具有重要的军事和经济价值,是最重要的发展空间,但在当前的科技条件下,人类还不可能以海洋为永久居住空间;大气层和外层空间具有重要的军事价值,其经济开发总体上说尚处于实验阶段。② 有学者指出:海洋对人类生存发展的意义首先在于其交通价值。由于飞机运量有限,且是通过机场与"大陆交通体系"和"海洋交通体系"相接,所以,空中交通体系暂时还无法与陆海交通体系相比。海洋交通体系比大陆交通体系具有更大的自然优势。因为海洋具有全球连通性,没有陆地那么多不便通行的自然障碍区和国界限制;海洋交通运量大,成本低廉;海洋交通抗毁性强,陆路交通比较昂贵,其交通抗毁性差,所以,国际贸易的主要通道是海洋交通体系。③ 由此可见海洋的重要性。

张耀光认为,海洋对于人类主要有两方面的作用:一方面,是调节气候,造成一个适合于人类生存的自然环境,例如,海洋这一庞大水体,每年约蒸发出 45 万立方千米的水汽,以降水的形式回到地表;另一方面,海洋向人类提供所需要的一切资源,成为人类的资源宝库,因而海洋直接影响着人类生息繁衍。④ 陈勇认为,全球经济一体化使海洋成为世界物流运输的主要载体;陆地资源日趋枯减,使人们越来越多地把目光投向海洋。当前,人类正在向海洋的深度和广度进军,经略海洋是国家海洋发展战略的重要举措,能否成功地经略海洋已成为影响国家盛衰强弱的关键因素。⑤

蔡一鸣认为,海洋蕴藏着比陆地更为丰富的资源。海洋资源可分为海洋自然能源、海洋化学资源、海洋矿产资源、海洋生物资源、海洋空间资源。海洋中有丰富的自然能源。海风、海上阳光、波浪、潮汐、海流、海水中的盐度差、温

---

① 李清津:《冷战后时代终结了吗? ——当前的国际秩序与中国的对策》,载《世界经济与政治》2000 年第 2 期,第 78 页。
② 程广中:《地缘战略论》,国防大学出版社 1999 年版,第 87 页。
③ 军事科学院:《国际形势与国防战略》,军事科学院出版社 1987 年版,第 94 页。
④ 张耀光:《中国海洋政治地理学——海洋地缘政治与海疆地理格局的时空演变》,科学出版社 2004 年版,第 13 页。
⑤ 陈勇:《经略海洋与海军信息化建设》,载《理论观察》2001 年第 4 期,第 65 页。

度差,都蕴藏着巨大的能量,能用于发电,海洋自然能源是新的可再生能源家族中的主要成员之一。海水是地球上最大的化学资源仓库。海水中溶解有非金属和金属元素,可从海水中提取盐,也可提取镁、碘、钾、铀及重水等。海洋中蕴藏的矿产资源更为丰富。有石油、天然气、煤炭、锰结核及多种金属矿产。海洋中的生物资源也十分丰富。无论藻类和鱼类开发潜力都不小,海洋是巨大的宝库。他还从生产力与生产关系的角度论述了海洋的重要性:生产力是生产关系形成的前提和基础,生产关系是为了适应生产力发展的要求而建立起来的。生产力的状况决定着生产关系的性质。任何一个社会历史时期的生产方式,都是以一定的生产力为其内容,而与之相适应的生产关系则是生产力赖以存在和发展的社会形式。生产力对生产关系起着决定作用,但生产关系并不是消极被动的,它对生产力有着重大的反作用。生产力和生产关系的相互作用,构成了生产方式的矛盾运动,并推动社会的不断发展。由于陆地资源日趋枯竭,世界范围内出现的能源、水源短缺、粮食等问题日益严重,人们更是把目光投向了浩瀚的海洋。历史上的重大发展,往往伴随着科学技术的革命。释放新生产力离不开科学技术进步,离不开开拓创新,转变观念。海洋是缓解未来地球资源匮乏、维持生态平衡主要的发展方向;开发海洋释放新生产力的潜力是巨大的。①

王宏斌认为,海洋占地球总面积的 70.8%,蕴藏着丰富的资源和能源;海洋是世界贸易的主体,80%的货物运输依赖于海洋。当今世界人口、资源和环境危机是困扰人类发展的三大难题,随着陆地资源的日益紧张,向海洋发展成为世界大趋势,21 世纪将是海洋的世纪。可以预见,海洋的巨大经济利益和海道的利用价值,势必将成为各国激烈争夺的重要场所。谁优先开发海洋,谁在海洋的研究和开发中处于领先地位,谁将成为影响世界格局的强国。开发与利用海洋成为滨海国家增强国力的重要条件。②

师小芹指出,海洋环境的变化对人类生活的影响也越来越大。这些变化使海洋相对于陆地的重要性也得到了提高,海洋作为人类活动的一个独立空间的价值正在不断上升。③ 海洋的重要性不言而喻。

英国学者杰弗里·蒂尔(Geoffrey Till)认为:"海洋在人类的发展中总是占据中心地位——作为资源的来源、运输的手段、信息交换以及战略要地。海

---

① 蔡一鸣:《海权论与和谐海洋大战略观》,载《世界地理研究》2008 年第 12 期,第 43 页。
② 王宏斌:《晚清海防:思想与制度研究》,商务印书馆 2005 年版,第 324 页。
③ 师小芹:《论海权与中美关系》,军事科学出版社 2012 年版,第 271 页。

洋为人类的繁荣与安全提供了基础。这一现实在 21 世纪早期随着全球贸易体制的兴起和对海洋作为自然空间的重要性的认识不断发展而更显突出。"①他还进一步指出:"海洋的重要性在不久的未来与其说是下降,不如说是呈上升趋势。资源的价值正如人口增长一样增长,作为运输的手段,海洋将保持凡事都依靠海洋的世界贸易体系的中心地位。作为一个物理及人文环境,海洋将帮助塑造未来的世界。"②海洋的重要性由此可见一斑。在关于海洋重要性的认识方面,中外学者取得了一致意见。

综上所述,海洋是交通要道,蕴藏着丰富的资源,可以调节全球气候并供应水源,是巨大生产力的来源,同时也是地球表面最大的公共产品,具有重要的国防和经济、政治价值,对人类未来的生存与发展至关重要,海洋与国家的强弱兴衰密不可分,海洋是人类的第二生存空间。因此,在后冷战时代各国依然寻求控制、开发和利用海洋的能力。从某种意义上来说,这种能力就是海权。

海权,是一个战略范畴,是国家海洋战略与海军战略的核心与基础。海权,是在古代随着海上武装力量在海上战场的武装斗争的产生、发展而萌生并逐步形成与发展的一个战略概念,而不是任何人头脑的天赋创造。海权的实质是,国家通过运用优势的海上力量与正确的斗争艺术,实现在全局上对海洋上的控制权力。不同的民族、不同的国家、不同的集团都可以运用这一战略范畴去进行海洋上的竞争与斗争;而他们在运用这一战略范畴时,都不可避免赋予这一战略范畴以不同的形态与内容,从而使之形成具有不同国家、不同民族、不同集团的历史时代特征与阶级属性的海权理论。③ 历史显示从未有一种单纯的战略理论能适应不同时代的要求。像战争本身一样,战略与国家政策、国家实力、社会结构都有着不可分的关系。④ 海权理论也是如此。换言之,以往的海权理论已经不能适应冷战后时代的现实。主要体现在以下几个方面:

(1) 不能适应和平与发展的时代主题。冷战前的海权理论中,阿尔弗雷

① Geoffrey Till, *Sea Power*, *A Guide for the Twenty-first Century*, London: Frank Cass, Inc., 2004, back cover.

② Geoffrey Till, *Sea Power*, *A Guide for the Twenty-first Century*, London: Frank Cass, Inc., 2004, p.368.

③ [美] A·T.马汉:《海权对历史的影响》,安常容、成忠勤译,张志云、卜允德校,解放军出版社 2006 年版,第 5 页。

④ Gordon A. Graig, S., Delbruck: The Military Historian, in Peter Paret, Gordon A. Craig, Felix Gilbert (eds.), *Maker of Modern Strategy from Machiavelli to the Nuclear Age*, Princeton University Press,1986, p.343.

德·塞耶·马汉(Alfred Thayer Mahan)海权论所产生的时代背景是第一次世界大战前,英国著名海洋战略家朱利安·斯泰福德·科贝特爵士(Sir Julian Stafford Corbett)的海洋战略观产生的时代背景与海权论类似;而在冷战中的海权理论中,苏联海军司令谢尔盖·格奥尔吉耶维奇·戈尔什科夫(Sergey Georgyevich Gorshkov)的国家海上威力论与美国海军部长小约翰·莱曼(Jr. John Leman)的海上优势论分别产生于冷战正酣的20世纪70年代与80年代初,其时代主题是"战争与革命",其立论基础是以爆发新的世界大战为前提,实施海洋控制的手段主要是武力。这与后冷战时代的主题——和平与发展背道而驰。单一性、排他性的海权理念已经落后于时代潮流,特别是1994年11月《联合国海洋法公约》开始生效后,这样的矛盾显得更为突出。

(2)不能适应后冷战时代国际政治多极化的政治现实。在以往的海权理论中,马汉海权论和科贝特海洋战略观产生的时代是英国独霸海洋而德国企图进行挑战的时代;戈尔什科夫国家海上威力论和莱曼海上优势论产生的时代是美苏进行海上角逐的时代。后冷战时代的国际政治格局开始进入多极化时代,参与海权争夺的主体不断增加,以往的海权理论已经不能适应这种新的国际战略格局。

(3)不能适应经济全球化的经济现实。马汉海权论和科贝特海洋战略观产生的时代,欧洲是全球的经济中心;戈尔什科夫国家海上威力论和莱曼海上优势论产生的时代是"两个平行市场"的时代。随着冷战的结束,经济全球化进程加快,由此产生的海洋领域的非传统安全威胁已经无法再用上述海权理论来进行解释。

(4)不能适应新军事变革后的军事斗争需要。马汉海权论和科贝特海洋战略观代表的是机械化战争时代的军事理论,而戈尔什科夫国家海上威力论和莱曼海上优势论则详细论述了核时代的海军作战理论。冷战结束后,新军事变革浪潮席卷全球,海军的作战环境、作战对象、作战空间、作战模式以及作战目标等都发生了巨大变化,夺取制海权已经是海军一个军种无法单独完成的任务,海战本身也发生了巨大变化。战争本身的技术形态也开始由机械化向信息化进行转变。过去的海权理论已经无法解释后冷战时代的海战现象,更不能解释在后冷战时代如何夺取和使用制海权。

综上所述,从前的海权理论如今已经无法对海权这一历史存在作出客观合理全面的解释,已经不能反映出后冷战时代海权的本质与内涵。后冷战时代的政治、经济、军事、外交、文化等因素对海权产生了巨大影响,使之与从前的海权相比发生了很大变化。因此,对后冷战时代海权进行分析与研究是非常必要的，有较高的学术价值与实际意义。

二、当前国内外海权研究的概况

自马汉创立海权论以来，这一地缘政治概念就在世界范围内传播开来。马汉的海权论迎合了美国资本主义在完成由自由资本主义向垄断资本主义的转变后向海外扩张的需要，因此，对美国的外交政策和海军建设起到了相当程度的指导作用。美国也由此逐步迈进了霸权国家的行列。可以说，没有海权论的战略指导，美国至今最多还是在北美洲偏安一隅的地区大国，而非全球性的超级大国。受马汉海权论影响的不仅仅是美国，英国、德国、日本等海上强国在海军建设方面也将马汉的海权论奉为圭臬。而这些国家的国运及海军建设都与海权论有着密不可分的关系。尽管苏联批判马汉的海权论是帝国主义国家的扩张理论，实际上，他们却在海军战略层次对马汉的海权论进行了完善与发展。可以说，海权论在过去、现在都对国际政治格局和世界军事形势产生了巨大的影响，而这种影响还将持续下去。

（一）国外研究概况

1. 地缘政治的视角

美国著名国际关系学者约翰·米尔斯海默（John J. Mearsheimer）则在海权论的基础上对美国的地缘政治战略进行了分析，并提出了"离岸平衡手"的概念，使地缘政治和均势战略在美国的国际战略中得到了完美与和谐的统一。① 英国学者艾瑞克·格罗夫（Eric Grove）对海权在 21 世纪的影响进行了探讨与研究，认为美国的领导地位的维系取决于其海基军事力量。② 科林·S. 格莱（Colin S. Gray）在回顾海权理论发展历程的基础上对海权与陆权的关系进行了辩证地分析与研究，并对后冷战时代海权的影响以及海军的战略功能进行了研究。③ 约翰·古奇（John Gooch）从海洋控制的角度对马汉海权论及科贝特的海洋战略观进行了比较研究。④ 戴尔·沃尔顿（Dale Walton）认为海洋仍然是当今经济全球化的最主要通道和全球性力量投送的最重要手段，

---

① ［美］约翰·米尔斯海默：《大国政治的悲剧》，王义桅、唐小松译，上海人民出版社 2008 年版。
② Eric Grove, *The Influence of Sea Power in the 21st Century*, CDR John Pruitt, August 2000.
③ Colin S. Gray, *The Navy in the Post-Cold War World: The Uses and Value of Strategic Sea Power*, The Pennsylvania State University Press, 1994.
④ John Gooch, Maritime Command: Mahan and Corbett, in Colin S. Gray Roger W. Barnett Editors, *Sea Power and Strategy*, Maryland: Naval Institute Press,1989.

20世纪的几项关键性技术进步(尤其是核武器、远程轰炸机及洲际导弹的出现)不仅给海权国家提供了更强大的防御手段,还使得海权国家首次拥有了给予他国心脏地带巨大伤害的能力。[①] 美国著名海权理论家诺曼·弗里德曼(Norman Friedman)从国家战略的角度对海权进行了分析与研究,认为海权能够在经济、政治、军事方面促进国家利益,认为海权的地缘政治理论内涵包括商业航线、战略位置险要的海峡、基地等。只有当海权与强大的陆上力量成功联盟的时候,它的成功希望才是最大的。[②] 凯文·法尔克(Kevin Falk)认为新世纪的海权在其构成方面发生了巨大变化,并且由于科技的进步,日益和陆权紧密联系在一起。[③] 达沃·维达斯(Davor Vidas)以海洋治理的角度对新世纪的海权发展进行了研究。[④] 美国原参谋长联席会议战略规划及政策部主任顾问詹姆斯·克拉斯卡(James Kraska)论述了濒海地带在国际海洋法中的地位,并对海上作战与国际政治之间的关系进行了分析与研究。[⑤] 美国著名国际关系学者莫顿·卡普兰(Morton Kaplan)则从海权与英国"平衡者"地位之间的关系进行了研究。[⑥] 海权论发展的同时也推动了地缘政治理论的发展。

2. 军事的视角

唐纳德·丹尼尔(Donald C.F. Daniel)对冷战结束后,美国海军在苏联海军这个劲敌消失后其作战任务、作战目标以及作战环境的调整进行了反思与研究,特别对美国海军在从主要应对核大战转向地区冲突的战略进行了分析,并在对莱曼600艘舰艇海军计划进行研究的同时,还对美国海军各个舰种未来的发展和作用进行了评述。[⑦] 艾瑞克·格罗夫对未来海军的发展进行了分析与研究,并对世界各国海军的能力进行了分级。[⑧] 与此同时,他还对各大国海军未来的

---

① C. Dale Walton, *Geopolitics and the Great Power in the 21st Century*, London: Routledge, 2007.

② Norman Friedman, *Sea Power as Strategy: Navies and National Interests*, Maryland: Naval Institute Press, 2001.

③ Kevin L. Falk, *Why Nations Put to Sea: Technology and the Changing Character of Sea Power in the Twenty-first Century*, Claremont Califortnia, 1998.

④ Davor Vidas and Willy Ostreng (eds.), *Order For the Oceans at the Turn of the Century*, Norway: Kluwer Law International, 1999.

⑤ Jams Karaska, *Maritime Power and the Law of the Sea*, *Expeditionary Operations in World Politics*, Oxford: Oxford University Press, 2011.

⑥ [美]莫顿·卡普兰:《国际政治的系统和过程》,薄智跃译,上海人民出版社2008年版。

⑦ Donald C.F. Daniel, Beyond the 600-Ship Navy, in Tim Huxley (eds.), *Sea Power*, London: Routledge, 2006.

⑧ Eric Grove, *The Future of Sea Power*, Maryland: Naval Institute Press, 1990.

发展作出了预测。罗伯特·沃克(Robert O. Work)对后冷战时代各国海军力量进行了对比,指出美国海军是当今世界上最强大的海军,其实力超过排名在其后的几支海军的总和,美国海军的盟友数量众多,其海上霸权地位相当稳固。① 杰弗里·蒂尔对核时代海军的作战环境、任务进行了分析与研究,并对第四次中东战争和马岛战争中海军的地位与作用进行了论述。② 印度学者特瓦日(R. K. Tewari)指出,随着冷战的结束,未来海战的主战场将会从远洋转移到近海。新的海军战略将会为近海海战制定,新的武器系统也将会为近海严峻的环境而设计。③ 查尔斯·柯布格尔(Charles W. Koburger)进一步指出,在近海,海军作战必须遵循以下原则:进入这些海域往往受到陆地的控制;陆基航空兵和导弹将成为影响海战的重要因素;陆基雷达变得非常重要;水雷成为一个重要因素;机动将会受限,尤其是吃水深的舰艇;只有很小的空间供大型舰船机动且没有隐蔽的地方;小型舰船(包括轻型航母、快艇、小型常规动力潜艇、登陆舰)首次成为海战的主角;作战行动更富有政治性。④ 约翰·乔根·霍尔斯特(Johan Jorgen Holst)提出,海权的一大劣势就是大型舰船只能以几十节的速度航行。它们可能在两到三个星期后才能赶到世界另一端的事件发生地。弥补这种拖拉的方式就是将舰船预先布置在可能会发生突发事件的地区附近。实际上,进行部署或者调整其水平主要取决于预计哪里会发生突发事件。这将有助于解释为什么第二次世界大战以来美国的军事行动中有 4/5 用到海军。⑤ 沙拉姆·楚宾(Shahram Chubin)对海军的功能进行了研究,认为海军在施加政治压力、保卫海洋贸易、威慑恐怖主义以及在必要的情况下进行海上常规战争方面扮演重要角色。⑥ 韦恩·P. 休斯(Wayne P. Hughes, Jr.)论述了海军战略与战术之间的关系,认为机动、位置、侦察和火力是海军战术的要素,并将海战分为四个时代:航海战斗时代、巨舰大炮时代、航空母舰时代和现代化的导弹时代。⑦

① Robert O. Work, *Centre for Strategic and Budgetary Assessments*, *The U.S. Navy: Charting a Course For Tomorrow's Fleet*, Aug. 2008.

② Geoffrey Till, *Maritime Strategy and the Nuclear Age*, London: Macmillan, 1984.

③ Dr Sivathanu Pillai & Dr R. K. Tewari, *Ocean Warfare*, Manas Publications, 2006, p.399.

④ Charles W. Koburger, *Sea Power in The Twenty-first Century: Project a Naval Revolution*, Greenwood Publishing Group, 1997, p.144.

⑤ Johan Jorgen Holst, *Sea Power*, Oxford: Oxford University Press, 2006, p.307.

⑥ Dr Shahram Chubin, *Naval Competition and Security in South-West Asia*, *Sea Power*, Oxford University Press for the International Institute for Strategic Studies, 2006.

⑦ Wayne P. Hughes, Jr. The Strategy-Tactics Relationship, in Colin S. Gray Roger W. Barnett (eds.), *Sea Power and Strategy*, Maryland: Annapolis: Naval Institute Press, 1989.

丹尼尔·Y. 弗兰伦特(Deniel Y. Coulter)和艾伦·高曼(Alan Goldman)认为海军必须接受国家战略指导,并因此要在远超越领海界限的范围内行动。进入全球化时代后,海上非传统安全威胁上升,海军也必须"全球化"并进行多国海军合作。① 麦克·劳伦斯·史密斯(Mike Lawrence Smith)和马修·R.H. 阿特雷(Matthew R.H. Uttley)认为海军在冷战后的军事功能在下降,从原来的从事对抗性的高强度战争转变为保持海上秩序和进行海军外交。② 诺曼·弗里德曼对当前的海军作战进行了研究,指出得益于航天技术与网络技术的发展,对大陆深远纵深的常规精确打击将成为海军未来重要的作战模式。与此同时,他还对美国海军提出的"网络中心战"进行了阐述与分析。③ 这些研究不但丰富了国际关系理论,而且也对军事思想,特别是海军战略的发展有较大贡献。

需要特别指出的是,美国在冷战后颁布的一系列战略转型文件推动了后冷战时代海权研究的发展。这些文件主要涉及四个方面:

(1) 作战环境。《由海向陆——为美国海军进入 21 世纪做准备》(*From the Sea: Preparing the Naval Service for the 21st Century*)战略白皮书、④《前沿存在——由海向陆》(*Forward: From the Sea*)战略白皮书、⑤《2020 海军远景:未来——由海向陆》(*U.S. Navy Vision 2020*)⑥等文件对美国海军作战环境由冷战时代的公海大洋向濒海及大陆纵深地区转变进行了论证与指导。

---

① Deniel Y. Coulter and Alan Goldman, Global Shipping Trend and Implications for Navies, in Fred W.Crikard Paul T. Mitchell and Katherine Orr (eds.), *Multinational Naval Cooperation and Foreign Policy into the 21st Century*, Ashgate Publishing Limited, 1998.

② Mike Lawrence Smith and Matthew R.H. Uttley, Tradition and Innovation in Maritime Thinking, Edited by Andrew Dorman, Mike Lawrence Smith, Matthew R.H. Uttley, *The Changing Face of Maritime Power*, London: Macmillan Press Ltd., 1999.

③ Norman Friderman, *Sea Power and Space: From the Dawn of the Missile Age to Net-Centric Warfare*, Annapolis: Maryland: Naval Institute Press, 2000.

④ U.S. Department of the Navy, *From the Sea⋯Preparing the Naval Service for the 21st Century*, September 1992, available at http://www. globalsecurity. org/military/library/policy/navy/fts. htm, last visited on 20 Jan., 2019.

⑤ U.S. Department of the Navy, *Forward⋯From the Sea*, October 1994, available at http://www. globalsecurity.org/military/library/policy/navy/forward-from-the-sea.pdf, last visited on 20 Jan., 2019.

⑥ U.S. Department of the Navy, *U.S. Navy Vision 2020*,September 1992, available at http://www. bupers.navy.mil/NR/rdonlyres/1E1DFD27－27D0－4995－8B61－A37FC53B1394/0/2020VisionPrint. pdf, last visited on 16 Feb., 2019.

（2）作战模式。《海军学说》（*Naval Doctrine Publication（NDP）1，Naval Warfare*）、①《联合作战中的海军战斗概念》（*Naval Operations Concept for Joint Operations*）、②《海军作战概念 2006》文件（*Naval Operations Concept 2006*）、③《海军作战概念 2010》（*Naval Operations Concept 2010*）、④《联合愿景 2010：海军战争实施》（*Joint Vision 2010：Naval Warfare Imperatives*）⑤等文件对美国海军的作战模式由冷战时代的海上控制作战向后冷战时代的一体化联合作战转变进行了分析与研究，充分显示了美国海军对新军事革命理念的深刻理解和灵活运用。

（3）作战对象。《空海一体战联合战斗文件》（*Air Sea Battle a Point-of-Departure Operational Concept*）⑥等文件对美国海军的作战对手由冷战时代的苏联红海军向后冷战时代欧亚大陆挑战美国霸权地位国家的海军转变进行了研究。

（4）技术形态。《海军转型路线图》（*Naval Transformation Roadmap*）、⑦《21 世纪海上力量》（*Sea Power 21*）发展构想、⑧《提高网络化的海上基地》（*Enhanced Networked Seabasing*）、⑨《海军转型路线图》（2003 年版）（*Naval*

---

① U. S. Department of the Navy, *Naval Doctrine Publication（NDP）1，Naval Warfare*, 28, March 1994, available at http：//www.dtic.mil/doctrine/jel/service_pubs/ndp1.pdf, last visited on 25 Feb., 2019.

② U. S. Department of the Navy, *naval operations concept for joint operations*, 2002, available at http：//www.jhuapl.edu/MaritimeRegistry/Documents/NOCJO.pdf, last visited on 25 Feb., 2019.

③ U. S. Department of the Navy, *Naval Operations Concept 2006*, available at http：//www.quantico.usmc.mil/seabasing/docs/Naval_Operations_Concept_2006.pdf, last visited on 25 Feb., 2019.

④ U. S. Department of the Navy, *Naval Operations Concept 2010*, available at http：//www.navy.mil/maritime/noc/NOC2010.pdf, last visited on 27 Feb., 2019.

⑤ Jaime Navarro, *Joint Vision 2010：Naval Warfare Imperatives*, 19 May, 1997, available at http：//dodreports.com/ada328093, last visited on 27 Feb., 2019.

⑥ Center for Strategic and Budgetary Assessments, *AirSea Battle A Point-of-Departure Operational Concept*, May, 2010, available at http：//www.csbaonline.org/4Publications/PubLibrary/R.20100518.Air_Sea_Battle_A_/R.20100518.Air_Sea_Battle_A_.pdf, last visited on 27 Feb., 2009.

⑦ U. S. Department of the Navy, *Naval Transformation Roadmap*, July 2002, available at http：//www.oft.osd.mil/library/library_files/document_202_naval_transformation.pdf, last visited on 25 Feb., 2019.

⑧ U. S. Department of the Navy, *Sea Power 21*, October 2002, available at http：//www.chinfo.navy.mil/navpalib/cno/proceedings.html, last visited on 18 Feb., 2019.

⑨ U. S. Department of the Navy, *Enhanced Networked Seabasing*, 2002, available at http：//www.dtic.mil/ndia/2002expwar/meyer.pdf, last visited on 18 Feb., 2019.

Transformation Roadmap)、①《从海上发起的机动作战：海军离岸投射兵力概念》(*Operation Maneuver from the Sea: Concept for the Projection of Naval Power Ashore*)②等文件对美国海军的技术形态由冷战时代的机械化向后冷战时代的信息化过渡进行了研究和探讨。此外,《21世纪海上力量合作战略》(*A Cooperative Strategy for 21st Century Sea Power*)③的出台则标志着美国海军不再将对抗与争夺当做达成战略目标的唯一手段与工具,合作也开始成为海军达成国家战略目标的一种手段。

为适应美国海军上述战略转型文件中针对海军的作战环境、作战对象、作战目标和作战理念等多方面的转变,美国海军提出了"由海到陆"(from Sea to Land)、"海上打击"(Sea Strike)、"海上盾牌"(Sea Shield)、"海上基地"(Sea Basing)、"海上企业"(Sea Enterprise)、"海上勇士"(Sea Warrior)、"海上试验"(Sea Trial)、"部队网"(FORCEnet)、"由舰对目标机动"(Ship to Objective Maneuver)、"前沿存在"(Forward Presence)、"前沿部署"(Forward Deployed)、"前沿作战"(Forward Strike)、"网络中心战"(Network Centric Warfare)、"空海一体战"(Air Sea Battle)等多个海军新作战概念。上述战略转型文件的颁布和新作战概念的产生很大程度上反映了海军战略、海权理论在后冷战时代的发展。

3. 历史的视角

美国著名国际关系学者乔治·莫德尔斯基(George Modelski)从历史的角度提出了"海权—世界霸权周期论",论述海权与霸权的关系。他认为,海权是世界霸权的必要条件,海权更替决定世界霸权周期,海军的强大将会增加国家"安全盈余"。④ 莫德尔斯基和汤普森(William R. Thompson)通过研究海权与历史长周期之间的关系发现,世界强国都是通过海权来展开全球行动,而且参与

---

① U.S. Department of the Navy, Chief of Naval Operations, Commandant of the Marine Corp, *Naval Transformation Roadmap 2002: Power and Access... Form the Sea*, *foreword*, available at http://www.au. af. mil/au/awc/awcgate/navy/naval_trans_roadmap2003. pdf, last visited on 2 March, 2019.

② Headquarters Marine Corps, Washington, *Operation Maneuver from the Sea: Concept for the Projection of Naval Power Ashore*, available at http://www. dtic. mil/jv2010/usmc/omfts. pdf, last visited on 2 March, 2019.

③ U.S. Department of the Navy, *A Cooperative Strategy for 21st Century Sea Power*, October, 2007, available at http://www.navy.mil/maritime/Maritimestrategy.pdf, last visited on 2 March, 2019.

④ George Modelski and William R. Thompson, *Sea Power in Global Politics*, *1494 – 1993*, Houndmills: The Macmilan Press Ltd., 1988.

全球战争的主要国家都是海洋国家,由此他们提出了两个重要的观点:一是在现代世界体系中,世界领导者都是海上强国,对海洋实施着管控;二是世界领导者地位的变化与海权的分配状况密切相关。[1] 莫德尔斯基还认为,海权对全球性冲突至关重要,因为海权是洲际互动不可缺少的因素,它使得新兴的大国能够有效地向外施加政治、军事和经济影响力,并使之足以支配整个国际体系。[2]丹尼尔·斐纳摩(Daniel Finamore)从世界历史的角度对各国海上力量的发展及其与霸权的关系进行了分析与研究。[3] 美国学者巴里·施特劳斯(Barry Strauss)认为,古希腊城邦时代雅典和斯巴达争霸时海权所起的作用是非常关键的。[4] 阿尔文·伯恩斯坦(Alvin H. Bernstein)比较了布匿战争中迦太基和罗马双方海洋战略的异同,并指出双方的海洋战略对战争的结局产生了很大影响。[5] 约翰·普雷尔(John H. Pryor)从地理、军事技术和战争的角度,对公元649—1571 年间地中海的海上霸权更替做了研究。[6] 阿尔贝托·柯尔(Alberto Coll)研究了 1567—1604 年英国与西班牙的海上冲突及其对欧洲,甚至对世界历史的影响。[7] 罗宾·伦杰(Robin Ranger)对 1689—1815 年的英法之间的陆海权之争进行了研究。[8] 玛格丽特·林肯(Margarette Lincoln)研究了 1750—1815 年的英国海权及其霸权。[9] 理查德·伍德曼(Richard Woodman)从1806—1814 年拿破仑战争的角度对海权与世界霸权的关系进行了研究。[10] 威

[1] 宋德星、程芬:《世界领导者与海洋秩序——基于长周期理论的分析》,载《世界经济与政治论坛》2007 年第 5 期,第 100 页。

[2] George Modelski, William R. Thompson, Long Cycles and Global War, in Manus I. Midlarsky, (ed.), *Handbook of War Studies*, Boston: Unwin Hymn, 1989, p124.

[3] Daniel Finamore, (ed.), *Maritime History as World History*, Florida: University Press of Florida, 2004.

[4] Barry Strauss, Athens and Sparta, Colin S. Gray Roger W. Barnett (eds.), *Sea Power and Strategy*, Maryland: Naval Institute Press, 1989.

[5] Alvin H. Bernstein, Maritime Strategy in Punic War, in Colin S. Gray Roger W. Barnett (eds.), *Sea Power and Strategy*, Maryland: Naval Institute Press, 1989.

[6] John H. Pryor, *Geography, Technology, and War: Studies in the Maritime History of the Mediterranean*, Cambridge: Cambridge University Press, 1988.

[7] Alberto Coll, England and Spain: 1567 - 1604, in Colin S. Gray Roger W. Barnett (eds.), *Sea Power and Strategy*, Maryland: Naval Institute Press, 1989.

[8] Robin Ranger, The Anglo-French Wars: 1689 - 1815, in Colin S. Gray Roger W. Barnett (eds.), *Sea Power and Strategy*, Maryland: Naval Institute Press, 1989.

[9] Magarette Lincoln, *Representing the Royal Navy: British Sea Power, 1750 - 1815*, Hants: Ashgate Publication Corporation, 2002.

[10] Richard Woodman, *The Victory of Sea Power: Winning the Napoleonic War, 1806 - 1814*, London: Chatham Pub.: In association with the National Maritime Museum, 1998.

廉姆森·默里(Williamson Murray)对以海军力量为代表的海权在第一次世界大战中的地位和作用进行了研究。[①] 杰弗里·巴罗(Jeffrey G. Barlow)比较和研究了第二次世界大战期间,盟国和纳粹德国的海军战略,与此同时,他对第二次世界大战期间,美国和日本的海军战略也进行了研究。[②] 罗杰·巴内特(Roger W. Barnett)对沙皇俄国及苏联的海洋战略的演进进行了系统地研究。[③] 他还与杰弗里·巴罗对冷战时期的美国海军战略,特别是海洋控制进行了梳理与研究。[④] 从历史的角度可以对海权的发展脉络进行更为深刻地了解。

总体而言,国外研究海权的角度主要是从地缘政治角度、军事和历史三个方面入手,就地缘政治角度而言,主要是论述海权对国家利益的促进作用,并通过海权与陆权的对比对海权的独特作用进行论述,同时从政治层面对海权的未来发展进行研究;从军事的角度来说,一般是通过后冷战时代海军作战环境、作战任务及作战目标、作战对象等方面的变化来对海权的发展进行探讨;从历史的角度来讲,一般是对海权与特定某个大国(比如,葡萄牙、西班牙、荷兰、英国、美国等)兴衰的关系进行研究,试图找出其中的历史规律。国外对海权的研究历史悠久,成果斐然,值得中国学术界学习与借鉴。

(二)国内研究概况

国内学术界对海权的研究呈现出百花齐放、百家争鸣的态势,其研究角度也呈现出多种多样的特点,一般来说,可分为国外海权问题研究和中国海权问题研究两大类。其中,国内海权问题研究主要有以下角度:

1. 海上强国海权问题的研究

王银星认为英国在 1688—1815 年的 100 多年时间里,发展成为世界强国、海上霸主、殖民帝国,究其原因,海军与海权对英国这一阶段的发展起到了极其重要的作用。英国历届政府坚持把赢得制海权作为战略目标,把海权与海外贸易和殖民扩张三者有机地结合起来。它们相互促进,成为大英帝国强大、繁荣的重要基石,也是英国在同西班牙、荷兰、法国争夺海上霸权的斗争中

---

① Williamson Murray, Naval Power in World War I, in Colin S. Gray Roger W. Barnett (eds.), *Sea Power and Strategy*, Maryland: Naval Institute Press, 1989.

② Jeffrey G. Barlow, World War II: Allied and German Naval Strategies, in Colin S. Gray Roger W. Barnett (eds.), *Sea Power and Strategy*, Maryland: Naval Institute Press, 1989.

③ Jeffrey G. Barlow, World War II: U.S. and Japanese Naval Strategies, in Colin S. Gray Roger W. Barnett (eds.), *Sea Power and Strategy*, Maryland: Naval Institute Press, 1989.

④ Roger W. Barnett, Soviet Maritime Strategy, in Colin S. Gray Roger W. Barnett (eds.), *Sea Power and Strategy*, Maryland: Naval Institute Press, 1989.

立于不败之地的关键。①

曹云华认为在美国的崛起过程中,海权起了积极的促进作用:首先,海权的发展推动了美国国内商品的出口,维护了美国海外经济利益,加速了美国经济的崛起。其次,海权成为美国争取独立、扩张领土、维护统一的重要工具。最后,海权成为扩大美国政治影响力,实现美国国际战略目标的有力工具。②

刘中民认为在数百年的争夺中,海权的扩张固然构成了俄苏崛起的一个因素,但从长远的角度看,对海权的过度追求又构成了俄苏走向衰落的根源之一。具体来说,从俄苏海权扩张西进、南下和东进的三条线路中,西进战略较为成功,并促进了俄苏的崛起。南下和东进战略虽有所收获,但都遭遇挫折,尤其是南下的世界扩张战略直接导致了苏联的衰落。③

汪乾分析了北冰洋海冰变化对沿岸国家,特别是俄罗斯海权带来的影响,指出全球气候变暖使北冰洋各个季节,尤其是夏季的海冰范围持续、加速缩减,对构成俄罗斯海权的不同组成部分造成了或消或长的影响。其一,东北航道使用价值剧增,东部和西部舰队更易相互调动和支援,从而增强了俄罗斯海权;其二,降低了俄罗斯战略导弹核潜艇部队的水下核威慑能力,从而削弱了俄罗斯海权;其三,削弱了主要由俄罗斯占据大陆心脏地带的坚固性,使北方国土暴露在战略对手优势海权的威胁下,牵制了己方已有的海军力量,且为巩固岸防减少了海军建设资源的投入,因而削弱了俄罗斯海权;其四,气候变暖、北冰洋海冰范围缩减给俄罗斯带来了开发北极的良机,若俄罗斯能借机实现经济发展,则能夯实俄罗斯海权的经济基础。④

李明春则认为,一个国家海权的崛起,必须有三个条件:有强大的海上力量;有巨大的海洋利益;有明晰的海洋意识。⑤ 上述观点分析和探讨了海上强国海权发展的历史规律。

2. 关于马汉海权论的研究

张炜和郑宏认为,马汉海权论的问世,是时代的选择和历史的必然。由于

① Roger W. Barnett and Jeffrey G. Barlow, The Maritime Strategy of the U.S. Navy: Reading Excerpts, in Colin S. Gray Roger W. Barnett (eds.), *Sea Power and Strategy*, Annapolis: Maryland: Naval Institute Press, 1989.

② 王银星:《海权、霸权与英帝国(1688—1815)》,载《湖南科技大学学报》2006 年第 4 期,第 104—105 页。

③ 曹云华:《美国崛起中的海权因素初探》,载《当代亚太》2006 年第 5 期,第 23—29 页。

④ 汪乾:《北冰洋海冰范围缩减与俄罗斯海权消长》,载《俄罗斯学刊》2018 年第 3 期,第 137—150 页。

⑤ 刘中民:《海权争霸与俄苏的兴衰及其历史反思》,载《东北亚论坛》2004 年第 6 期,第 82—86 页。

受若米尼关于组织决定性会战理论的影响,加之马汉本人又对拿破仑战争时期的几场大规模的决定性会战,如奥斯特里茨、耶拿、滑铁卢等战役印象深刻,马汉认为海战与陆战的原则相似,只有与敌方舰队进行战略性的决战,才能一战定乾坤,彻底打垮敌方舰队,使其绝迹于海上,从而使己方牢固地掌握制海权。①

师小芹指出马汉的海权战略思想的链条是:强大的海军—海战—消灭敌方舰队—取得制海权—打通本国与世界市场的通道并确保在远方的商业优势—保持帝国的不断增长。②

张宗涛认为马汉的海权论标志着世界海军军事思想发展史上的一次革命,海军战略从此由传统的海岸防御转变为集中舰队进行海上攻击性行动,有着划时代的意义。但他同时也认为,马汉的海权论是美国资产阶级军事思想进入帝国主义时期的产物,因此,它不可避免地存在着局限性:首先,马汉把帝国主义战争美化为"文明、进取、进步"的历史必然现象,海权论是为帝国主义霸权政治服务的。其次,他将获得战争的胜利因素简单归结为拥有海权,而忽视了战争的性质、民心士气、战争潜力等决定因素。最后,他认为自己提的海军战术思想是"永恒的原则",不会因科学技术的进步而改变。③

子谨认为马汉的海权论适应了 19 世纪末至 20 世纪初美国垄断资本向海外发展的需要,推动了美国海军向远洋海军的转变,从而赢得美国海军之父的盛誉。④

张晓林认为在帝国主义这一时代背景下,又因受美国对外扩张政策目标的驱使,还由于马汉本人具有集职业海军军官、历史学家、海军理论家等为一身的特殊经历和才能,所以,在 19 世纪和 20 世纪之交,就产生了轰动世界的海权论。⑤ 不管怎样,马汉的海权论已经改变和影响了这个世界,而这种影响现在仍然存在。

3. 海上强国历史兴衰的视角

刘中民认为东西方之所以面对海洋作出不同的选择,表面的原因在于对机遇的认识和把握,更深层的原因在于向海洋发展的动力、动机如何。海权兴

---

① 李明春:《海权论衡》,海洋出版社 2004 年版,第 110 页。
② 师小芹:《海权战略思想寻迹》,载《史学月刊》2018 年第 2 期,第 17 页。
③ 张炜、郑宏:《影响历史的海权论——马汉〈海权对历史的影响(1660—1783)〉浅说》,军事科学出版社 2000 年版,第 143 页。
④ 张宗涛:《马汉及其"海权论"》,载《军事历史》1993 年第 6 期,第 42—43 页。
⑤ 子谨:《美国海军之父——马汉》,载《当代海军》2002 年第 9 期,第 14 页。

起与发展最根本的动力,甚至是从葡萄牙海权兴起后,世界海权兴衰所遵循的一条历史逻辑便是资本及其商业利润的扩张能力既是海权产生和发展的根本动力,也是决定海权能否长久存续与发展的支撑性要素。① 他进一步指出,经济的发展使西方国家在全球政治中日益居于优势地位,居于资本中心并控制较多世界贸易和资源的国家会在世界财富增长中占据较大的份额,而在世界财富增长中占据较多份额的恰恰就是拥有强大海军和广泛制海权的国家。②

程广中认为,权力流向是离心发散状的,地缘权力中心随贸易、生产力的转移而转移。也就是说,资本主义以海权为动力,向世界施加其影响。它沿海路拓展和掠夺世界,权力争夺随文明中心或实力中心的转移而转移。从 16 世纪至 20 世纪,海权争夺大致经历了地中海—大西洋东岸—大西洋西岸—环太平洋的过程。③ 海权是与财富和权力紧密结合在一起的。

4. 海权与大国崛起关系的视角

刘一健与吕贤臣提出,海权发展与大国崛起息息相关,强大的海权是大国崛起的必要条件,国家权力对海权发展起主导作用,海权发展是国家的战略行为。海权发展史是一部争夺海洋控制权的斗争史,海权的发展始终围绕海洋的控制权斗争而进行。④

宋德星认为海上霸权与海洋秩序是世界领导者维系领导地位的根基所在,海洋秩序是海洋霸权的副产品,也是世界领导者提供的公共产品。⑤

文天尧认为,自 16 世纪以来,哪一个国家获得制海权或者控制海上要冲,哪一个国家就能掌握历史的主动权。自古以来,国家的商业发展、领土安全,那些富裕帝国的存在以及世界大国的地位均与海权的崛起、制海权的争夺一脉贯通。⑥ 海权与大国崛起之间存在着紧密联系。

5. 中国海权的视角

石家铸指出:中国海权,就是中国开发、利用海洋和有效保护国家海洋利

① 张晓林:《马汉与〈海上力量对历史的影响〉》,载《军事历史研究》1995 年第 3 期,第 121—134 页。
② 刘中民:《崛起与错失——海权强国兴衰的历史解读》,载《海洋世界》2007 年第 10 期,第 75—80 页。
③ 刘中民:《世界海洋政治与中国海洋发展战略》,时事出版社 2009 年版,第 124 页。
④ 程广中:《濒海强国参与国际政治的世纪性规律》,载《战略与管理》1996 年第 4 期,第 62 页。
⑤ 刘一健、吕贤臣:《论海权的历史发展规律》,载《中国海洋大学学报》(社会科学版)2007 年第 2 期,第 1—6 页。
⑥ 宋德星、程芬:《世界领导者与海洋秩序——基于长周期理论的分析》,载《世界经济与政治论坛》2007 年第 5 期,第 99—105 页。

益的能力。它也可以被界定为利用军事和非军事手段维护海洋权利、收回海洋权益,并拓展海洋权力的一种综合能力。其宗旨是维护海洋方向的国家利益,并通过开发利用海洋促进国家富强。①

李小军认为,所谓中国海权,指的是中国利用军事和非军事手段维护海洋权利,收回海洋权益,并不失时机地拓展海洋权力的一种综合能力。具体来讲,就是现有的海洋权利要维护;已遭侵犯的海洋权益要收回;关乎国家安全的海上权力要拓展。海权主要包括海洋力量、海上影响和海上资源三个要素。海上力量是确保海上影响和获取海上资源的保证,海上资源与海上影响则会制约海上力量的发展。基于中国海权的现状和特征,中国海权的功能必须要涵盖以下方面:能粉碎任何危害我国领土完整和海洋权益的企图;能为我国改革开放和经济建设提供一个安全与稳定的海上战略环境;能有效地维护我国的世界大国地位和保持对亚太地区足够的影响力;能遏止来自海洋方向的侵略和打赢针对我国的战争;保持有效的海上核威慑与核反击能力。②

邓碧波和陈舟认为,中国特色的海权,应该包括对海洋主权空间的控制和管辖能力,以及对海洋利益空间的合法有效的影响力。③

蔡一鸣提出,努力用和平的手段来解决我国海洋权益的敏感、热点问题,加强我国和谐海洋大战略观理论的探讨,实际上是在 21 世纪世界海洋政治、经济、科技、外交形势发展趋势背景下,我国海权理论战略的重要组成部分。④

胡波认为,中国古代的强大海权之所以会昙花一现,部分是因为决策者的失误,但更重要的是因为海洋经济和海外贸易从来就没有成为中国经济的主体。海权发展必须扎根于社会的进步和经济的振兴,而最好的办法和途径就是发展海洋经济。⑤ 中国的海洋先天禀赋要弱于美国、日本、英国、印度和法国,但要强于德国和俄罗斯这样的陆海复合型国家。通过对自己建立的一套评价海权强弱的指标体系的测量。胡波指出,中国海权在前 30 多年进步明显,但多数指标在世界的排名多在第 5 位左右,甚至更靠后。因此,我们不能得出中国海权已经处于"世界老二"的论断,最多可以说中国海权有成为"世界第二"的潜质。因此,基于中国面临的国内外条件,考虑到海权各大要素和中国的发展

---

① 文天尧:《争洋霸海:制海权与国家命运》,凤凰出版社 2009 年版,第 253 页。
② 石家铸:《海权与中国》,上海三联书店 2008 年版,第 35 页。
③ 李小军:《论海权对中国石油安全的影响》,载《国际论坛》2004 年第 4 期,第 17 页。
④ 邓碧波、陈舟:《马汉》,云南出版集团公司、云南教育出版社 2009 年版,第 148—149 页。
⑤ 胡波:《中国海权策:外交、海洋经济和海上力量》,新华出版社 2012 年版,第 4 页。

潜力,中国海权的三大战略目标应是"近海控制、区域存在和全球影响"。①

郑义炜认为,一个区域性的"海洋强国"符合中国相当一段时间内的海洋利益,但并不一定符合未来中国海洋利益的长远需要,应视中国的综合国力发展与国际战略环境变化等具体因素判断,以国家利益为导向,如情况允许应该积极追求全球性"海洋强国"的实现,从一个长期的历史过程中去深度打造中国的海洋战略。②

杨震和杜彬伟指出,采取外向型经济的中国不仅在 GDP 方面排名世界第二,在外贸总额上在世界上也名列前茅,并有大量的海外政治经济利益需要保护。可以说,中国是当今世界发展远洋海军(海权思想指导建设下的海军)原动力最为充足的国家之一。③ 上述观点涵盖了中国海权的概念、功能、要素等方面。

6. 中美海权关系的视角

刘中民认为,中美双方作为太平洋两岸的国家,并没有直接的海洋领土争端,但海权问题何以产生并影响中美关系,从美国方面看,其根源在于美国霸权型的太平洋海权战略在近代以来的历史演进中不断侵蚀和威胁了中国海权,从中国方面说则表现为先是由于近代海权的极度缺失使海洋权益受到包括美国在内的西方列强的蚕食鲸吞,并在此过程中不断为收回海洋权益而抗争,而后是面对美国的海洋封锁和遏制而承受沉重的海洋安全压力,在当今则表现为在海洋战略空间以及涉及国家主权和海洋权益的台湾问题、南海问题上受到美国因素的严重制约。④

师小芹指出,以历史的长时段眼光来看,当前中美海权关系与历史上的海权斗争有着很大程度的继承性。中美海权关系仍然是一个在陆上没有威胁、可以将主要资源投资于海军的国家和一个必须在陆海两条边疆上分配资源的国家之间的国家之间的关系。⑤

胡波认为,中美虽已有海上军事安全磋商机制、年度防务磋商机制等对话沟通渠道,但双方在构建具体而有效的预防或规避措施上没有太大进展,中美间依然缺乏处置海上遭遇事件、海上摩擦及海上危机的标准程序。在这种情

① 胡波:《后马汉时代的中国海权》,海洋出版社 2018 年版,第 28—32、85—150 页。
② 郑义炜:《陆海复合型中国"海洋强国"战略分析》,载《东北亚论坛》2018 年第 2 期,第 76 页。
③ 杨震、杜彬伟:《从海权理论角度看戈尔什科夫的海上威力论及其影响》,载《东北亚论坛》2013 年第 1 期,第 67 页。
④ 刘中民:《海权问题与中美关系概述》,载《东北亚论坛》2006 年第 9 期,第 69—70 页。
⑤ 师小芹:《论海权与中美关系》,军事科学出版社 2012 年版,第 245 页。

况下,偶然性的海上摩擦若沟通处理不当,很可能升级成为冲突;如果一方遭受了重大损失,这类冲突甚至有可能演变成为剧烈的海上局部战争。①

以南海问题为例,朱锋认为,南海局势有可能在未来几年出现新的政治、军事和战略的紧张态势,中美两国已经形成的南海博弈态势已成为考验中美军事和战略关系走向的最大变量。②

杨震和周云亨指出,中国发展海权并走向远洋是历史的选择,是不可阻挡的趋势,中美海权的博弈将会持续进行下去。这将是历史上第一次在霸权国和新兴大国之间展开同时带有竞争与合作性质的海权博弈,③并认为美国在南海、台湾、印度洋等海域对中国海权发展进行制约,④但中美海权依然存在合作的空间。⑤

7. 海权发展演进的视角

杨震认为,后冷战时代海权的要素包括适宜的海洋地理条件,建立在对外贸易基础上的外向型经济及由此催生的海外利益,建立在外向型经济基础上的上层建筑,以上因素共同作用产生了发展海权的主观愿望。后冷战时代海权的构成包括海上武装力量、海洋管理机构、海洋产业体系、海洋法律体系、海洋科技实力等。后冷战时代海权的国际观主要体现在国际海洋秩序、国际安全合作问题、国际海洋合作等方面。⑥ 就中国海权而言,在对现代海权功能有了更为深刻的认识后,中国海权观念也因此有了很大的发展,主要表现为战略海权观、合作海权观、复合海权观、经济海权观和海洋国土观。⑦

三、评述与展望

然而,尽管国内外专家学者就海权问题进行了深入细致地研究,但是就当代海权研究的角度来看,还存在一些不足与瑕疵:首先,在后马汉时代的海权

---

① 胡波:《中美东亚海上权力和平转移:风险、机会与战略》,载《世界经济与政治》2013 年第 3 期,第 34 页。
② 朱锋:《特朗普政府的南海政策及中美海上安全挑战》,载《当代美国评论》2018 年第 3 期,第 22 页。
③ 杨震、周云亨:《论中美之间的海权矛盾》,载《现代国际关系》2011 年第 2 期,第 11 页。
④ 杨震、周云亨、王萍:《论后冷战时代美国对中国海权发展的制约》,载《东北亚论坛》2014 年第 4 期,第 4 页。
⑤ 杨震、方晓志:《世界海洋战略格局视野下的中美海权合作》,载《东北亚论坛》2015 年第 3 期,第 104 页。
⑥ 杨震:《后冷战时代海权的发展演进探析》,载《世界经济与政治》2013 年第 8 期,第 100 页。
⑦ 杨震、赵冰、赵娟:《论后冷战时代中国海权观念的发展》,载《世界地理研究》2014 年第 4 期,第 22 页。

著作中把国际关系和军事理论紧密结合的著作尚不多见,后马汉时代的海权论著作要么是单纯从国际关系角度来考虑海权问题,忽视了其军事属性,如米尔斯海默的《大国政治的悲剧》;要么是单纯地从军事角度来解读海权问题,如美国海军战略转型文件。其次,在后马汉时代的海权著作未能跟上新军事变革的潮流,对新军事技术,如信息技术、太空技术、高能激光、粒子束武器等足以改变现代战争模式的关键性技术在当代海权中的作用与地位研究不足。对后冷战时代海权的技术形态及规模范围研究不足。再次,后马汉时代的海权著作很少考虑全球化因素和非传统安全因素,比如,恐怖主义、海上犯罪(如海盗、走私)对当代海权的影响。最后,就是对于后马汉时代的海权研究,特别是后冷战时代的海权研究缺乏系统性,没有能够建构一个完整的理论体系。

海权是一个客观的历史存在,随着时代的发展而演进。时至今日,那些认为海权在新技术革命面前已经过时的人们,实际上忽视了海权提供的并不是单纯的打击能力或者机动兵力。海权提供的是陆权或者制空权所不能提供的持续、显著和有效的力量投送与控制能力、经常性存在于前沿部署能力、干涉与威慑能力—— 尤其是在遥远的、国际敏感地带或者缺乏基地的地区。这种意义上的海权尽管不一定要压倒所有对手,但是对于 ·个高度依赖世界市场的大国则是完全必要的——因为这种国家本身的"巨大",决定了它不可能免费搭乘另一个国家的海权便车,或者要求其他竞争对手为其垫付维持海权的成本。① 因此,对于一个国家,特别是一个大国来说,海权的独特功能是陆权和制空权不能替代的。

更为重要的是,随着国际政治环境和时代主题的变迁,海权的内涵也发生了改变。传统海权追求的海洋控制是排他性的,即己方在海洋的航行自由并遏制对方的海洋航行自由,主要是通过战争手段来实现的;而后冷战时代海权追求的海洋控制是共享性的,即各国都有在海洋的航行自由,这种自由是通过合作的手段来实现的。换言之,战争手段已不再是争取海洋控制的唯一选择,导弹技术和航天力量都无法替代海权在和平时期争取海洋控制的地位,更无法取代海洋为国家创造和吸取财富的地位。太空武器完全可以用于服务海权或作为海权构成要素的一部分,卫星已经广泛用于航海导航、侦察探测、舰船通信、武器目标定位等诸多方面。事实上,无论是太空武器,还是信息化装备,

---

① 代鹏:《利维坦的力量:创建海权的国家意志与社会经济心理学素描》,载《舰船知识》2011年第5
 期,第74页。

都是扩展海权功能的助推器，美国海军的"网络中心战"理论最能证明这一点。不仅如此，海权所具有的经济功能、外交功能和警察功能更是当前任何力量和技术手段都无法取代的，科学技术的不断进步会使这些功能继续得到完善和扩充，海权对于社会历史发展的价值和作用也因此显得更加重要。[1] 后冷战时代海权的独特功能随着时代的前进而发展。

展望未来的海权研究，笔者认为有两个视角值得注意：

首先，海权本身演进发展的角度。海权本身是一个系统，由各个相互联系的部分组成。系统由结构和互动的单元构成。结构是全系统范围内的组成部分，使得系统能够被视为一个整体。[2] 各组成部分及其相互关系的变化使海权这个客观存在随之发生变化。今后的研究可以从这个角度展开。

其次，国际公共空间（国际公域）的角度。国际公共空间依次是那些不属于任何一个国家的天空、海洋、太空和网络空间。[3] 自由进入天空、海洋、网络以及太空空间不受管辖的"公共空间"是全球市场的基础。[4] 海洋是历史上最古老的公共空间，更是地球表面最大的公共空间，从这个角度对海权进行研究，不仅有现实意义，也会给海权理论本身带来新的生命力。

四、结论

"海权"是一个古老的名词，但同时也是一个具有现代内涵的战略概念。海权是变化发展的历史现象。[5] 它随着社会进步、科学技术的发展以及国际体系的演进而不断地发展前进。笔者认为，就其概念而言，后冷战时代海权是在国际政治多极化、经济全球化、军事信息化的信息时代通过政治、经济、法律、军事、科技、文化等多种途径和手段对海洋进行控制、利用、管理和开发的一种综合能力。这种能力服务于国家利益，从属于国家战略，并且带有综合国力的性质，兼顾硬实力与软实力及可持续发展，其规模横跨海陆空天电五维空间，

---

① 刘一健、吕贤臣：《试论海权的历史发展规律》，载《中国海洋大学学报》（社会科学版）2007 年第 2 期，第 5 页。

② ［美］肯尼思·华尔兹：《国际政治理论》，信强译，苏长和校，上海人民出版社 2003 年版，第 106 页。

③ U.S. Joint Chiefs of Staff, *Joint Operational Access Concept*, 17, January 2012, available at http://www.defense.gov/pubs/pdfs/JOAC_Jan％202012_Signed.pdf. last visited on 5 Mar. 2019.

④ Ronald O'Rourke, China Naval Modernization: Implications for U.S. Navy Capabilities-Background and Issues for Congress, *Congressional Research Service*, March 23, 2012. p.69.

⑤ 杨震、周云亨：《论新军事变革与后冷战时代的海权》，载《太平洋学报》2012 年第 7 期，第 62 页。

范围遍及远洋及濒海,直抵大陆纵深地带。① 未来国际海洋法的演进、国际战略格局的变化、科学技术的发展和全球化进程的加快都将对后冷战时代海权的发展演进产生重大影响。海权是一个古老又年轻的社会客观存在。说其古老,是因为人类控制海洋的历史悠久;说其年轻,是因为该历史现象随着时代的发展而发展,不断吐故纳新;在可以预见的未来,海权还将随着人类文明的进步而发展。而关于海权问题的研究也将随之发展演进。

Reflection on the Study of Contemporary Sea Power

YANG Zheng   WANG Sen

Abstract：After the end of the cold war, international relations have undergone tremendous and far-reaching changes. The strategic position of the ocean began to improve, so the study of seapower began to rise. From the general situation of domestic and overseas studies on seapower, overseas studies mainly focus on three fields： geopolitical theory, military thought and history. Domestic studies are mainly conducted from six perspectives： seapower of sea powers, Mahan's seapower theory, the historical rise and fall of sea powers, seapower and the rise of great powers, seapower and the relationship between China and the United States. On the whole, there are some problems in the study of seapower. In the post-Mahan era, few works on seapower closely combined international relations and military theories. Failing to keep up with the Revolution in Military Affairs（RMA）; Little consideration is given to globalization and non-traditional security factors; Contemporary studies on sea power are not systematic enough to construct a complete theoretical system. In the post-cold war era, the previous theories of sea power cannot adapt to the theme of peace and development, the multi-polar international political reality, the economic reality of globalization and the needs of military struggle after the new RMA. The study of sea power theory in the post-cold war era has a long way to go.

---

① 杨震:《论后冷战时代的海权》,复旦大学博士学位论文,2012 年。

Key Words: Contemporary; Sea Power; Research; Reflection

【参考文献】

[1] U.S. Joint Chiefs of Staff, Joint Operational Access Concept, 17, January 2012, available at http://www.defense.gov/pubs/pdfs/JOAC_Jan%202012_Signed.pdf.

[2] Ronald O'Rourke, China Naval Modernization: Implications for U. S. Navy Capabilities-Background and Issues for Congress, *Congressional Research Service*, March 23, 2012.

[3] Roger W. Barnett and Jeffrey G. Barlow, The Maritime Strategy of the U.S. Navy: Reading Excerpts, in Colin S. Gray Roger W. Barnett (eds.), *Sea Power and Strategy*, Maryland: Naval Institute Press, 1989.

[4] Geoffrey Till, *Sea Power, A Guide for the Twenty-first Century*, London: Frank Cass, Inc., 2004.

[5] Gordon A. Graig, S, Delbruck: The Military Historian, in Peter Paret, Gordon A. Craig, Felix Gilbert (eds.), *Maker of Modern Strategy from Machiavelli to the Nuclear Age*, Princeton University Press, 1986.

[6] Eric Grove, *The Influence of Sea Power in the 21st Century*, CDR John Pruitt, August 2000.

[7] Colin S. Gray, *The Navy in the Post-Cold War World: The Uses and Value of Strategic Sea Power*, The Pennsylvania State University Press, 1994.

[8] John Gooch, Maritime Command: Mahan and Corbett, in Colin S. Gray Roger W. Barnett Editors, *Sea Power and Strategy*, Maryland: Naval Institute Press, 1989.

[9] C. Dale Walton, *Geopolitics and the Great Power in the 21st Century*, London: Routledge, 2007.

[10] Norman Friedman, *Sea Power as Strategy: Navies and National Interests*, Annapolis; Maryland: Naval Institute Press, 2001.

[11] Kevin L. Falk, *Why Nations Put to Sea: Technology and the Changing Character of Sea Power in the Twenty-first Century*, Claremont California, 1998.

[12] Davor Vidas and Willy Ostreng (eds.), *Order For the Oceans at the Turn of the Century*, Norway: Kluwer Law International, 1999.

[13] Jams Karaska, *Maritime Power and the Law of the Sea, Expeditionary Operations in World Politics*, Oxford: Oxford University Press, 2011.

[14] [美]莫顿·卡普兰:《国际政治的系统和过程》,薄智跃译,上海人民出版社 2008 年版。

[15] [美]约翰·米尔斯海默:《大国政治的悲剧》,王义桅、唐小松译,上海人民出版社 2008 年版。

[16] [美]A.T. 马汉:《海权对历史的影响》,安常容、成忠勤译,张志云、卜允德校,解放军

出版社 2006 年版。

[17]　师小芹：《论海权与中美关系》，军事科学出版社 2012 年版。

[18]　李明春：《海权论衡》，海洋出版社 2004 年版。

[19]　石家铸：《海权与中国》，上海三联书店 2008 年版。

[20]　胡波：《后马汉时代的中国海权》，海洋出版社 2018 年版。

中国深度参与全球海洋治理的三个研究向度

崔　野 *

摘　要:中国是全球海洋治理的核心主体之一,全球海洋治理目标的实现离不开中国的深度参与。在本体论向度上,中国深度参与全球海洋治理具有特定的时代内涵,呈现空间范围的由近及远、参与领域的由点及面、介入程度的由浅入深和作用发挥的由弱渐强等特征。在认识论向度上,中国深度参与全球海洋治理已成为一种必然的政策选择,这不仅是加快建设海洋强国的现实需要,也是履行国际责任、彰显大国担当的客观要求。在方法论向度上,中国深度参与全球海洋治理应综合运用理念引领、政治交往、经济合作、人文交流、和平斗争、武力补充等多种参与方式,在维护国际海洋秩序、构建蓝色伙伴关系、供给全球海洋公共产品等方面有所作为,为全球海洋治理贡献中国力量。

关键词:全球海洋治理;深度参与;本体论;认识论;方法论

一、问题的提出

近几十年来,随着全球范围内工业化浪潮的推进,海洋承受着来自人类社会日益严重的破坏和掠夺,环境污染、生态退化、资源枯竭、气候变暖、生物多

---

* 崔野,中国海洋大学法学院博士研究生,主要研究方向:全球海洋治理。

样性锐减、武装冲突等海洋问题层出不穷,既对海洋自身造成了难以弥补的危害,更制约着人类社会的可持续发展。面对愈加严峻的海洋治理形势,国际社会普遍意识到,只有各个国家携起手来,通力合作,才能有效应对各种全球性海洋问题,为子孙后代留下碧海蓝天。全球海洋治理便在这样的背景下产生。

党的十九大提出:"坚持陆海统筹,加快建设海洋强国。"这为我国当前和今后一个时期内的海洋工作指明了目标与方向。作为海洋强国建设中的重要组成部分,中国深度参与全球海洋治理,获得了更多的制度性权利,这不仅是履行大国责任的题中之义,更是促进自身海洋事业发展的时代所需。国家海洋局局长王宏在全国海洋工作会议和接受媒体采访等多个场合中明确提出:要将深度参与全球海洋治理作为新时代海洋强国建设的三大聚焦之一。[①] 为把握全球海洋治理的实践态势,有效指导中国的参与进程,有必要厘清中国深度参与全球海洋治理的内涵、动因、方式与内容等基本问题。本文借鉴哲学中的研究范式,从本体论、认识论和方法论的向度出发,尝试对这些问题作出初步的回答。

二、本体论向度:何为中国深度参与全球海洋治理?

本体论是哲学理论的基础,它探究了世界的本源或基质,主要回答"事物的本质属性是什么"这一基本问题。克鲁伯定义了这一词汇的非传统哲学含义,认为本体论是对事物本质的概念性的精确描述,[②]并由此进行引申,所谓中国深度参与全球海洋治理的本体论研究向度,即是探讨其概念内涵的一个研究方向。

(一)对全球海洋治理的不同解读

从词汇构成的角度来看,中国深度参与全球海洋治理这一命题是由"深度"与"全球海洋治理"两个词汇复合而成的。因此,在阐释这一命题的内涵时,需要先对这两个关键词,特别是后者的含义进行界定。

"深度"一词的含义比较明确。根据《现代汉语词典》的解释,该词同时具有名词和动词的词性:用作名词时,既可以指"某个物体向下或向里的距离",也可以指"某件事情触及事物本质的程度";而在用作动词时,该词通常意为

---

① "深度参与全球海洋治理,务实推进蓝色伙伴关系",来源于 http://www.soa.gov.cn/xw/ztbd/ztbd_2018/2018hygzhy/whbg/201801/t20180122_60068.html 最后访问日期:2018 年 12 月 17 日。

② 王刚、宋锴业:《邻避研究的中国图景:划界、向度与展望》,载《中国矿业大学学报》(社会科学版) 2016 年第 5 期,第 58 页。

"加深，即使某件事情向更高的阶段发展"。毫无疑问，在本文的讨论中应取其动词词性。而"全球海洋治理"由于是一个学术用语，因而未能也不可能形成普遍一致的观点，而是多种解释并存，百家争鸣。

目前国内学术界对全球海洋治理的内涵形成了以下几种代表性观点：一是从宏观的治理体系出发，将其界定为"各主权国家的政府、国际政府间组织、国际非政府组织、跨国企业、个人等主体，通过具有约束力的国际规制和广泛的协商合作来共同解决全球海洋问题，进而实现全球范围内的人海和谐以及海洋的可持续开发和利用"；①二是从动态的治理过程出发，认为全球海洋治理是在全球各种层次上对付海洋"公域悲剧"的国际集体行动，②是国际社会共同应对全球性海洋问题的体制、规制、方法和行为；③三是从微观的公共产品视角出发，指出全球海洋治理是各行为体基于自愿的原则，为应对共同的挑战和实现共同的利益而提供公共产品的行为，④全球海洋治理实际上是由谁来提供全球海洋公共产品的问题，⑤等等。

透过上述不同视角下的定义，我们可以归纳出全球海洋治理的一些基本特征：首先，"全球"一词限定了全球海洋治理的层次，即它是一种有别于区域海洋治理和国家内部海洋治理的实践活动，指向的是全球层面上的国际行为；其次，"海洋"一词阐明了全球海洋治理的范围，即其治理客体主要是发生在海洋及其衍生自然系统上的影响人类与海洋可持续发展的各类问题；最后，"治理"一词明确了全球海洋治理的基础，即它是在治理理论指导下的具体行动，遵循治理理论所倡导的主体多元、平等协作、相互尊重等价值理念。

（二）中国深度参与全球海洋治理的内涵

综合全球海洋治理的内涵和我国的战略利益定位，笔者认为，所谓中国深度参与全球海洋治理，简言之是指中国为了在全球海洋治理中取得有利地位、发挥更大作用而采取一系列行动的动态过程。具体来说，则是指以国家（政

---

① 王琪、崔野：《将全球治理引入海洋领域——论全球海洋治理的基本问题与我国的应对策略》，载《太平洋学报》2015 年第 6 期，第 20 页。

② 庞中英：《在全球层次治理海洋问题——关于全球海洋治理的理论与实践》，载《社会科学》2018 年第 9 期，第 3 页。

③ 郑苗壮：《全球海洋治理呈现明显复杂性》，载《中国海洋报》2018 年 2 月 28 日，第 2 版。

④ 吴士存、陈相秒：《论海洋秩序演变视角下的南海海洋治理》，载《太平洋学报》2018 年第 4 期，第 25—26 页。

⑤ 袁沙、郭芳翠：《全球海洋治理：主体合作的进化》，载《世界经济与政治论坛》2018 年第 1 期，第 54 页。

府)为核心的多元主体在全球海洋治理的体系构建和行动落实中,积极谋求更加有利的治理地位,并主动承担与这一地位相匹配的治理责任,通过与国际社会构建起最广泛的蓝色伙伴关系,增强我国在国际海洋规则制定与议程设置、全球海洋经济发展、海洋环境保护、海洋秩序维护、海洋公共物品供给等领域的话语权和影响力,以有效维护我国正当的海洋权益,促进各类全球海洋问题的解决,推动构建人类海洋命运共同体。这一概念揭示了中国深度参与全球海洋治理的主体、客体、途径、目标等基本问题。其中,有必要对治理主体、身份地位和治理目标进行更进一步的分析。

从治理主体的角度来看,虽然中国参与全球海洋治理离不开政府、非政府组织、科研机构、企业乃至民众等多元主体的共同行动,但在这之中起主导作用的仍是政府。特别是当治理客体超越国家的边界而上升到国际层面时,政府之外的其他主体受制于资源、身份和权威的限制,单纯依靠其自身的力量难以有效解决这些难题。因此,中国深度参与全球海洋治理进程中最主要、最核心的主体必然是在党领导下的政府,民间社会组织、跨国企业、民众等其他非政治行为体则起着重要的补充作用。①

从身份地位的角度来看,根据我国目前的国家实力和国际影响力,中国有能力也有义务在全球海洋治理体系中占据更加有利、更加主动的地位,发出中国倡议,形成中国方案,贡献中国智慧。当然,地位的提升也意味着责任的增大,中国应当主动承担起与身份地位、发展阶段和自身实力相匹配的治理责任,履行国际义务,体现大国担当。

从治理目标的角度来看,中国深度参与全球海洋治理应兼顾直接目标与长远目标。在直接目标方面,当前各种全球性海洋问题层出不穷,全球海洋治理体系不尽公正合理,中国的深度参与是为了有效解决各类全球海洋问题,推动全球海洋治理体系向着公正、合理的方向发展;在长远目标方面,中国深度参与全球海洋治理并非是为了单纯追求自身的发展,而是将中国的国家利益与全人类的整体利益、短期利益与长远利益、经济利益与社会效益等有机结合起来,最终实现构建人类海洋命运共同体这一根本目标。

(三)中国深度参与全球海洋治理的主要特征

中国深度参与全球海洋治理是对以往治理行动的继承与发展,具有鲜明

---

① 崔野、王琪:《关于中国参与全球海洋治理若干问题的思考》,载《中国海洋大学学报》(社会科学版)2018年第1期,第13页。

的时代特色,而"深度"则是其最为主要的特征。具体而言,这一特征集中体现在以下四个方面。

一是空间范围的由近及远。即中国参与治理的客体逐渐突破地理空间的限制,由近岸、近海走向深海、大洋和极地,由我国周边的海洋事务扩展到区域性及全球性海洋事务,中国的足迹和身影正愈加频繁地出现在全球的各个海域。

二是参与领域的由点及面。即中国逐步摆脱以往参与领域单一的境况,在继续深入参与海洋环境保护、海洋科学考察、海底资源勘探、渔业合作等"低政治"领域的同时,积极介入海上争端调解、海上反恐、海洋秩序重塑、全球气候调控等"高政治"领域,日益形成一个覆盖面广、层次丰富的参与网络。

三是介入程度的由浅入深。即中国在各项治理行动不断增强发言权和影响力,由表面性参与转变为实质性参与,由"跟跑者"转变为"并跑者",甚至在某些重大议题上处于"领跑者"的地位。同时,中国有能力根据自身的判断和需求,在国际海洋议程设置、制度规则制定、海洋秩序维护等问题中发出更有力的声音。

四是作用发挥的由弱渐强。即中国积极履行大国的治理责任,在全球海洋治理中的贡献度、信任度和美誉度显著提升。中国在全球海洋治理中所发挥的作用,既体现在改善海洋环境质量、打击海上恐怖主义等直观的行动层面,也体现在建立合作机制、凝聚合作共识等更为深层的制度和理念层面,在双边和多边的各个领域、各个层次中贡献着中国的力量。

上述四种特征的产生,一方面是我国海洋综合实力不断提升的必然结果,另一方面也是中国顺应时代潮流,转变自身角色,承担国际责任的必然要求,在本质上则是国家实力与国际地位交互作用的产物。

三、认识论向度:中国为何要深度参与全球海洋治理?

如果说本体论重在探讨万物的根源,认识论则侧重于追问人类为何要知道它。认识论是一门研究知识以及信念的证明的理论,①它的根本任务是透过现象抓住事物的本质。有学者指出,我们认识一切事物的逻辑起点不是他物而是人类本身,即研究他物对人类的意义和价值。沿循这一思路,在中国深度参与全球海洋治理的认识论研究向度中,首要问题便是阐释深度参与全球海

① [美]丹西:《当代认识论导论》,周文彰译,中国人民大学出版社 1990 年版,第 1 页。

洋治理对中国的现实意义,亦即中国为何要深度参与全球海洋治理。

改革开放后,中国逐渐打破与国际社会的藩篱,积极融入世界发展的主流之中。在全球海洋领域,以中国签署和批准的《联合国海洋法公约》为起点,中国逐步加入海洋环境保护、深海资源开发、渔业合作、极地科考等治理领域,在很大程度上推动了某些全球海洋问题的解决。但我们也应当看到,受制于当时的国家实力和国际环境,中国参与全球海洋治理的领域是片面的、程度是浅层的、作用是有限的,与我国的国家地位不尽匹配,"深度"参与更是无从谈起。进入新时代,中国日益走近世界舞台的中央,亟待改变以往参与不足的尴尬状况,全方位介入到各种海洋问题的治理行动中,中国深度参与全球海洋治理的呼声应运而生。具体而言,中国深度参与全球海洋治理受到内部与外部两方面因素的共同推动。

(一)中国深度参与全球海洋治理的内部动力

首先,中国深度参与全球海洋治理是加快建设海洋强国的需要。党的十九大提出:"坚持陆海统筹,加快建设海洋强国"的战略部署,而将其与党的十八大报告中的"建设海洋强国"进行对比,可以发现,文字表述差异的背后折射出了党和国家对于建设海洋强国的更高要求与期望。然而,与这种要求和期望形成鲜明对照的是,当前我国海洋事业的发展仍然面临着诸多挑战和困难,环境污染、生态破坏、资源减少、渔业纠纷、岛屿主权争端等多种海洋问题严重制约着海洋强国战略的推进,中国迫切要求消弭这些不利因素,积极探索有效的解决途径。全球海洋治理主张国际社会进行广泛的协商与合作,进而在最大程度上化解矛盾、达成共识并采取一致行动,实现全球海洋的安全、保护与可持续利用。正是基于这一点,中国深度参与全球海洋治理可以有效化解我国海洋事业发展中的瓶颈,回应时代对于"加快建设海洋强国"的现实需求,并为国内经济社会的健康发展提供持续动力。

其次,中国深度参与全球海洋治理是参与国际海洋竞争的需要。世界上的主要海洋强国均将海洋视为国家间经济、科技、军事及综合国力比拼的竞技场,大国博弈与海洋战略纵深的争夺更是白热化,[①]这从侧面要求中国应实施更加积极主动的海洋政策,深度参与到全球海洋治理的进程中。2015 年,美国奥巴马政府发布名为《21 世纪海权合作战略》的国家海洋战略计划,提出"全域介入"的概念,更加强调捍卫美国在海洋的国家利益,并将一些新兴海洋国家

---

① 胡键:《从全球治理到全球海洋治理》,载《党政论坛》2018 年第 2 期,第 34 页。

视为潜在的威胁;2018 年 6 月,特朗普政府宣布废除奥巴马政府时期"保护脆弱的海洋环境"的国家海洋管理政策,代之以"有效开发利用海洋资源,促进经济发展"的施政方针。2016 年年底,欧盟委员会通过欧洲层面首个全球海洋治理联合声明文件——《国际海洋治理:我们海洋的未来议程》,将改善全球海洋治理架构列为欧盟区域内合作的优先领域,以实现安全和可持续地开发利用全球海洋资源。2017 年 7 月,俄罗斯总统普京签署《2030 年前国家军事海洋活动政策基本原则》,确定了当前俄罗斯的海洋利益、面临的海上安全威胁、海洋政策的方向和海军建设的重点等内容。2018 年 5 月,日本发布新一期的《海洋基本计划》,改变了往年以海洋资源开发及保护为主的经济发展基调,向安保、领海及离岛防卫等方向倾斜,显示出日本谋求海上优势地位的野心。即便是同为发展中国家的越南,也以党代会决议的形式发布《到 2030 年、远景2045 年越南海洋经济可持续发展战略》,提出在 2045 年前把越南建设成为可持续发展的海洋强国。总之,在国际海洋竞争日趋激烈的态势下,美、欧、日、俄等传统海洋强国都在不断加强对海洋的治理力度,作为新兴海洋国家的中国更应积极介入,并深度参与到全球海洋治理的行动中来,以为加快建设海洋强国提供更多的外部支持。

再次,中国深度参与全球海洋治理是国家实力不断增强的结果。事实上,无论是发展本国海洋事业,还是应对国际海洋竞争,最终都要付诸国家行动,而国家行动能力的高低往往与国家实力的强弱紧密相连。也就是说,只有具备较强的国家实力,深度参与全球海洋治理才具备可行性。改革开放以来,我国的海洋实力与国际影响力大幅提升,这为我国深度参与全球海洋治理奠定了坚实的支撑。一方面,我国的海洋经济、海洋科技、海洋军事等海洋硬实力资源迅速发展,某些核心指标已位居世界前列,航母入列、蛟龙探海、雪龙探极等大装备、大工程正是我国海洋实力增强的直观体现;另一方面,中国提出的"21 世纪海上丝绸之路""人类命运共同体""蓝色伙伴关系"等倡议和理念以及亚丁湾船只护航、菲律宾灾风救援、国际撤侨等行动受到国际社会的广泛好评与认可,有力地促进了我国海洋软实力和国际影响力的提升。概言之,中国深度参与全球海洋治理不仅具备充分的主观激励,更是国家海洋实力和国际影响力不断增强这一客观情势的必然结果。

(二)中国深度参与全球海洋治理的外部动力

一方面,全球海洋问题的解决需要中国的深度参与。全球海洋问题是全球海洋治理的客体,它是传统与非传统叠加、单一内容与多项内容交织的高度复合体,①解决全球海洋问题是全球海洋治理的首要目标。② 在全球经济增长乏力的背景下,部分海洋强国转向优先发展本国经济和国内治理,对于全球海洋问题的解决贡献甚少,加重了全球海洋治理的赤字。国际社会迫切需要各国改变各自为政的狭隘立场,以开放合作和务实行动推动全球海洋问题的治理。毫无疑问,日益走近世界舞台中央的中国有意愿,也有能力为解决全球海洋问题贡献出自己的力量。近年来,中国在强化国内海洋治理的基础上,积极参与海洋环境保护、温室气体减排、海洋安全维护、人道主义救援等各类区域性和全球性海洋问题的治理行动中,树立了负责任大国的良好形象,回应了国际社会对于中国的期待。与此同时,日渐严峻的全球海洋问题呼唤中国进一步参与到全球海洋治理中,需要中国以自身的力量、经验和方案为全球海洋问题的解决作出更大的贡献。中国深度参与全球海洋治理,既是全球海洋善治对中国的期待,也是中国作为一个负责任大国对国际社会的责任所在。

另一方面,全球海洋治理体系的完善需要中国的深度参与。全球海洋治理体系是指为实现全球海洋治理的目标而构建起的各种有形或无形的、政治性方式与非政治性方式的集合。这一体系既包括国际条约、国际组织、国际会议等具有物质形态的要素,也包括治理体制、运行机制、规章制度等无形的要素。全球海洋治理体系的正常运转是实现全球海洋治理目标的根本保障。然而,当前的全球海洋治理体系不尽完善,存在诸多不公正、不合理之处,这突出体现在三个层面:一是大国政治和强权政治依旧盛行,治理体系的民主性不足;二是发展中国家的意见诉求和决策权利未能得到充分的维护,治理体系的代表性欠缺;三是现存的国际机构和国际规制在应对海洋安全冲突、北极主权之争、南极保护区划定等问题上力不从心,难以发挥应有的作用。这些问题的存在使得完善现有的全球海洋治理体系成为国际社会的普遍呼声和现实需要,国际社会期待中国就如何改革并完善全球海洋治理体系提供中国方案,展现中国智慧。

总而言之,自身发展的需要和国际社会的呼声相互交织,共同决定了中国深度参与全球海洋治理成为一种必然的政策选择。中国应抓住机遇,顺势而为,实现自身在全球海洋治理中的身份转变和地位提升,为全球海洋问题目标

---

① 杨焕彪:《中国海警参与全球海洋治理路径探析》,载《公安海警学院学报》2018年第5期,第16页。

② 袁沙:《全球海洋治理:从凝聚共识到目标设置》,载《中国海洋大学学报》(社会科学版)2018年第1期,第8页。

的实现贡献中国力量。

四、方法论向度：中国应如何深度参与全球海洋治理？

方法论是人们认识世界、改造世界的根本方法，即人们用什么样的方式、方法来处理问题，它通常涉及对某一工具和技巧的论述。因而，中国深度参与全球海洋治理的方法论研究向度，关注的焦点便是实现深度参与的具体方式与可行路径。

（一）中国深度参与全球海洋治理的实现方式

实现方式也可以理解为参与途径，即中国应通过何种手段、方法、路径或媒介深度参与到全球海洋治理中。结合我国的外交方略和全球海洋治理的主要领域，以下六种方式可以作为中国深度参与全球海洋治理的有效途径。

一是理念引领方式。理念引领是一种精神层面的实现方式，它是指中国通过提出各种行动方案、合作倡议、外交原则、价值目标、治理思想等无形的精神产品，唤起他国和国际社会的认可、追随与配合，从而促进国际社会形成理念共识，助推治理行动的展开。这种无形的精神产品亦是国家海洋软实力的重要组成部分，其作用方式更为柔和，影响也更为深远。近年来，我国相继提出"和谐海洋""新型国际关系""蓝色伙伴关系"及"人类命运共同体"等多种外交理念和方略，获得国际社会的广泛赞誉和积极响应，极大提升了中国在全球海洋治理中的地位和影响力。

二是政治交往方式。国家间的政治交往是中国深度参与全球海洋治理最为主要的一种方式，是指中国政府通过利用已有或创设新的双边、多边框架体系，与国际社会就各种涉海问题进行政策沟通、目标设定、方案落实等政治性交往活动，以推动各类海洋问题的解决，一般具有议题范围广泛、行为主体权威、利益复杂交织等特点。在运用这一方式时，既可以是与某一国家进行双边沟通，也可以是与多国进行多边协调；既可以在现有的联合国大会、北极理事会等框架下进行，也可以创设诸如中国—小岛屿国家海洋部长圆桌会议、全球蓝色经济伙伴论坛等新的合作机制；既可以是以中央政府的名义对外交往，也可以是外交部、自然资源部等相关部门的单独或联合行动。

三是经济合作方式。相比于政治交往中的议题广泛性，经济合作方式聚焦于海洋经济领域，以项目共建、产业合作、港口建设、对外援助等为主要内容。这一方式不仅能够提高参与方的经济发展水平，也可以强化各国参与全球海洋治理的物质基础。中国作为世界上最大的发展中国家和新兴市场国家,有能力,也有意愿帮助后发国家,与国际社会共享中国的发展机遇。我国提出的"21世纪海上丝绸之路"倡议是全球海洋经济合作的典型代表,得到沿线国家的积极响应。此外,由中国出资设立的中国—东盟海上合作基金、中国—印尼海上合作基金,以及合作共建巴基斯坦瓜达尔港、斯里兰卡汉班托塔港、希腊比雷埃夫斯港等亦是经济合作方式的突出体现。

四是人文交流方式。人文交流是一种主体多元、内容丰富、形式多样的参与方式,既包括由政府组织开展的海洋科技合作、海洋文化交流等官方行动,也包括非政府组织、民间智库、企业等主体自主进行的学术研讨、民间访问、生物保护等非官方行动。与政治交往或经济合作相比,这一方式的功利性和政治性色彩不那么明显,而是更多地着眼于加深各国民众间的相互了解和感情,减少隔阂与误判。中国政府高度重视国家间的海洋人文交流活动,支持成立中国—东盟海洋学院、互办海洋艺术节、实施中国政府海洋奖学金计划等。同时,我国民间的海洋公益组织和科研机构也积极进行对外交流,通过举办海洋科技研讨会、合作清理海洋垃圾等途径进行了广泛而富有成效的民间交流。

五是和平斗争方式。如果说上文所提到的理念引领、政治交往、经济合作、人文交流等方式属于积极的、正面的实现方式,那么,和平斗争则可以视为一种消极的、防御性的参与方式。所谓和平斗争方式,是指在中国深度参与全球海洋治理的进程中,当我国及其他发展中国家的海洋主权、安全、发展利益受到损害时,应在尽最大努力维持和平局面的前提下,通过政治、经济、法律、外交等多种途径予以反击,据理力争。近年来,随着我国周边海域形势的日趋复杂,和平斗争方式也在反制"南海仲裁案""钓鱼岛国有化"、美国指责中国"干涉南海航行自由"等事件中多次运用,有效捍卫了我国正当的海洋权益。

六是武力补充方式。通常来说,武力常常与冲突、争端或战争等词语联系在一起,被视为一种非和平的暴力手段,是一国处理对外关系时的最后选项。事实上,军队等武装力量不仅是进行军事对抗的基本载体,更是避免战争、维持和平的重要工具,这种武力的"非军事性"运用便是武力补充方式。在中国深度参与全球海洋治理的过程中,不可避免地会在某些特殊情况下柔性运用武装力量,从而消除威胁海洋和平稳定的因素,维护正常的国际海洋秩序。从这个意义上看,武力补充方式不仅重要,而且必要。简而言之,我国应在特定情况下合理、适度地运用武装力量,遂行多样化任务,以为中国深度参与全球海洋治理提供必要的补充。

以上六种方式即为中国深度参与全球海洋治理的基本途径。需要指出的是,这些方式之间并非孤立存在,而是相互配合、相辅相成的,应当加以综合运用。此外,由于每一种方式的适用范围不尽相同,因而在不同的时空和场合下,其各自的运用程度也是不一样的,而非同等运用,这就要求我国在参与全球海洋治理的过程中应根据实际情况的变化而有所取舍,因时因地制宜。同时,随着主客观条件的发展与变化,我们也应逐步完善现有方式并不断拓展新的参与方式。只有这样,才能更好地发挥各种方式的预期功效,最大程度上支撑中国深度参与全球海洋治理这一国家行动。

(二)中国深度参与全球海洋治理的主要内容

全球海洋治理的内容千头万绪,纷繁复杂,所有国家都不可能同步解决所有的全球海洋问题,更何况每时每刻还可能会有新的问题产生。对中国而言,目前我国在全球海洋治理领域的力量有限,因而我国参与全球海洋治理不能"抓到篮里都是菜",要在不同的发展阶段有所取舍,有所侧重。[①] 根据目前的全球海洋形势和我国的战略需求等因素,中国应在以下三个领域内发挥更大的作用。

一是着力维护国际海洋秩序。国际海洋秩序的稳定是各国得以发展本国海洋事业的基本前提,也是中国深度参与全球海洋治理的基本落脚点。从总体来看,当前的国际海洋秩序是相对稳定的,没有任何一个国家拥有足够的力量来颠覆现有秩序。但若将视线转移到部分重点海域,则可以发现某些国家在岛屿主权、专属经济区划界、海洋资源开发权等问题上存在着争端,有些甚至可能会演变为军事冲突,威胁国际海洋秩序的稳定。面对这种情况,中国一方面应在国际法允许或授权的条件下积极调解某些国家间的海洋争端,避免发生军事冲突,并坚决制止少数强权试图突破现有体系的恣意妄为;另一方面,也应积极修正现有国际海洋秩序中的不合理之处,强化全球海洋治理体系的代表性和民主性,维护发展中国家的正当海洋权益。正如中国常驻联合国副代表吴海涛所言,中国将一如既往地做国际海洋法治的维护者、和谐海洋秩序的构建者和海洋可持续发展的推动者。[②]

二是积极构建蓝色伙伴关系。当前,我国正在大力建设"全球伙伴关系"网络,蓝色伙伴关系作为这一网络中的重要一环,应当成为我国深度参与全球

[①] 傅梦孜、陈旸:《对新时期中国参与全球海洋治理的思考》,载《太平洋学报》2018 年第 11 期,第 52 页。

[②] "中国代表呼吁建立和维护公平合理的海洋秩序",来源于 http://world.people.com.cn/n1/2016/1208/c1002－28935286.html 最后访问日期:2018 年 12 月 24 日。

海洋治理的有力抓手。之所以这么说,是因为蓝色伙伴关系超越了以具体事务为着眼点的传统合作计划,并在整体层面上构建起全方位、多层次、宽领域的国家间合作机制,强调开放包容、具体务实、互利共赢,以在最大程度上聚合起国家间的利益共同点,增进全球海洋治理的平等互信。基于此,中国应将构建蓝色伙伴关系作为深度参与全球海洋治理、推进国际海洋合作的重要切入点。截至目前,中国已与葡萄牙、欧盟签署了共建蓝色伙伴关系的相关协议,蓝色伙伴关系建设初具规模。下一步,中国应完善对话机制,加强战略对接,拓宽合作领域,与尽可能多的国家打造最广泛的蓝色伙伴关系,为中国深度参与全球海洋治理营造良好的外部环境。

三是加强供给全球海洋公共产品。全球海洋公共产品是治理全球海洋问题的有效工具,包括制度型产品、器物型产品、环境型产品等多种类别。通常而言,全球海洋公共产品的供给成本高、收益周期长、管理难度大,只有少数海洋强国才具有一定的供给能力。在全球经济增速放缓和保守主义回潮的国际背景下,以美国为首的传统海洋强国供给全球海洋公共产品的意愿和能力持续减弱,导致全球海洋公共产品面临着巨大的供需缺口,加重了全球海洋治理赤字的严峻程度。对于中国而言,应抓住这一有利时机,一方面,在继续向国际社会供给公共产品的同时,更加注重制度的构建,不断完善以《联合国海洋法公约》为核心的全球海洋治理体系,并适时将我国国内行之有效的海洋治理制度,如海洋生态红线制度、海洋功能区规划等推广到他国,使各国共享中国的先进治理经验;另一方面,中国应加强在海洋安全维护领域中的存在,通过建立双多边的联合执法和安全合作机制,与国际社会共同应对传统和非传统安全威胁,彰显中国的大国担当。

总之,中国深度参与全球海洋治理是一个宏大且多解的命题,受到国际和国内等多种因素的共同影响。除了要具备良好的外部环境外,更为重要的是中国自身要做好内功,明确主攻方向,综合运用多种方式,并注重各治理领域间的统筹协调。

五、结语

本体论、认识论与方法论三种不同的研究向度有助于我们探究中国深度参与全球海洋治理的一些基本问题,厘清这些问题将更好地指导实践活动。在本体论上,中国深度参与全球海洋治理具有特定的时代内涵,在空间范围、参与领域、介入程度和作用发挥等层面呈现出明显的特征;在认识论上,中国深度参与全球海洋治理是自身发展需要和国际社会呼声的产物,是一种必然的政策选择;在方法论上,中国深度参与全球海洋治理应综合运用多种不同的参与方式,在维护国际海洋秩序、构建蓝色伙伴关系、供给全球海洋公共产品等方面有所作为。同时,实践的不断深入也将修正或扩展对这些问题的原有认识,实现认识与实践的有机统一。从这个意义上说,中国深度参与全球海洋治理也就是认识与实践相互补充、相互促进的过程。

Three Dimensions of China's Deep Participation in Global Ocean Governance

CUI Ye

Abstract: China is one of the core subjects of global ocean governance, and the realization of the goal of global ocean governance can not be separated from China's deep participation. In terms of ontological dimension, China's deep participation in global ocean governance has a certain connotation and presents different characteristics. In terms of epistemology, China's deep participation in global ocean governance has become an inevitable policy choice. This is not only a realistic need to accelerate the construction of a maritime power, but also an objective requirement for fulfilling international responsibilities. In terms of methodology, China's deep participation in global ocean governance should use a variety of participation ways, and make China's contribution in maintaining international ocean order, building blue partnerships, and supplying global ocean public goods.

Key Words: Global Ocean Governance; Deep Participation; Ontology; Epistemology; Methodology

【参考文献】

[1] 王刚、宋锴业:《邻避研究的中国图景:划界、向度与展望》,载《中国矿业大学学报》(社会科学版)2016年第5期。

［2］ 王琪、崔野：《将全球治理引入海洋领域——论全球海洋治理的基本问题与我国的应对策略》，载《太平洋学报》2015 年第 6 期。

［3］ 庞中英：《在全球层次治理海洋问题——关于全球海洋治理的理论与实践》，载《社会科学》2018 年第 9 期。

［4］ 郑苗壮：《全球海洋治理呈现明显复杂性》，载《中国海洋报》2018 年 2 月 28 日，第 2 版。

［5］ 吴士存、陈相秒：《论海洋秩序演变视角下的南海海洋治理》，载《太平洋学报》2018 年第 4 期。

［6］ 袁沙、郭芳翠：《全球海洋治理：主体合作的进化》，载《世界经济与政治论坛》2018 年第 1 期。

［7］ 崔野、王琪：《关于中国参与全球海洋治理若干问题的思考》，载《中国海洋大学学报》（社会科学版）2018 年第 1 期。

［8］ ［美］丹西：《当代认识论导论》，周文彰译，中国人民大学出版社 1990 年版。

［9］ 胡键：《从全球治理到全球海洋治理》，载《党政论坛》2018 年第 2 期。

［10］ 杨焕彪：《中国海警参与全球海洋治理路径探析》，载《公安海警学院学报》2018 年第 5 期。

［11］ 袁沙：《全球海洋治理：从凝聚共识到目标设置》，载《中国海洋大学学报》（社会科学版）2018 年第 1 期。

［12］ 傅梦孜、陈旸：《对新时期中国参与全球海洋治理的思考》，载《太平洋学报》2018 年第 11 期。

建设世界海洋强国背景下中国海权意识的历史演变

王荣亮 *

摘　要：党的十九大提出要加快边疆发展,确保边疆巩固、边境安全。坚持陆海统筹,加快建设海洋强国。建设海洋强国是党中央在我国全面建成小康社会决定性阶段作出的重大决定,是中国特色社会主义道路的重要组成部分。为确保"一带一路"的顺利推进,中国积极界定新时期中国国家核心利益,认真识别威胁中国核心国家利益的关键要素,决定如何运用国家实力去维护核心利益,通过自身和平发展更好地维护世界和平,促进人类命运共同体的长远发展。本文通过在"一带一路"背景下介绍中国海权意识演变,剖析了近代中国在海洋发展方面落后的原因,指出通过国家引导社会全面树立海洋意识,实现海洋强国,实现民族复兴的伟大"中国梦"和两个"一百年"奋斗目标。

关键词："一带一路"；海权；历史；演变；研究

前言

2001 年 5 月,联合国缔约国文件指出"21 世纪是海洋世纪",标志着海洋和海洋问题已成为主导各国经济发展、影响国际形势、确定发展模式的重要因

---

*　王荣亮,内蒙古大学中国史博士,主要研究方向：中国海洋史。邮箱：819281802@qq.com.

素。中国自古以来就是一个海洋大国，拥有 18 000 千米的大陆海岸线，沿海岛屿 6 500 多个，依照《联合国海洋公约》中 200 海里专属经济区和大陆架制度，中国可拥有 300 万平方千米的管辖海域，这是中国的海洋领土。① 600 多年前，随着古代中国最后一次大规模远洋航行——郑和下西洋的结束，中国在海洋方面失去了优势，唐宋时期以来兴盛的海上贸易一去不复返，中国与海洋强国失之交臂。在此后的 600 多年里，中国错过了两次海洋意识觉醒和发展的机遇，一次是由新航路开辟引发的全球海上贸易思潮，一次是马汉"海权论"的提出而掀起的现代化海军建设思潮。两次机遇的错过使中国的海洋意识、海上经济和海军建设长期落后于西方。我国 300 多万平方千米海域内储藏着大量的油气能源和渔业资源。现阶段，我国经济发展对海洋空间的依赖度大幅提高，海洋本身已成为中国经济发展的重要平台。党的十九大作出了建设海洋强国的重大部署，实施这一重大部署，对推动经济持续健康发展，维护国家主权、安全、发展利益，实现全面建成小康社会目标，进而实现中华民族伟大复兴的"中国梦"都具有重大而深远的意义。习近平同志强调：进一步关心海洋、认识海洋、经略海洋，推动海洋强国建设不断取得新成就，建设海洋强国是中国特色社会主义事业的重要组成部分。合作共赢倡导人类命运共同体意识，在追求本国利益时兼顾他国合理关切，在谋求本国发展中促进各国共同发展，建立平等均衡的新型全球发展伙伴关系，同舟共济，权责共担，增进人类共同利益。中国的地理位置历史性地决定了其必须在海洋和陆地方向作出地缘战略考量与抉择，"一带一路"在两个方向上是有机整合的，是积极进取的地缘政治经济战略。该战略的提出有历史背景，也有现实利益考虑，是中国应国内外政治经济形势变化、破解大国崛起与发展困境所作出的重大战略调整。

一、中国海权意识的历史演变

习近平主席指出：人类在 21 世纪进入了大规模开发利用海洋的时期。海洋在国家经济发展格局和对外开放中的作用更加重要，在维护国家主权、安全、发展利益中的地位更加突出，在国家生态文明建设中的角色更加显著，在国际政治、经济、军事、科技竞争中的战略地位也明显上升。"一带一路"是中国为克服大国崛起困境而对原有地缘政治经济战略作出的重构。作为新形势下的大战略，即"一带一路"倡议下，中国重构地缘政治经济战略的逻辑思路应

---

① 章示平：《中国海权》，人民日报出版社 1998 年版，第 351 页。

在如下框架下展开:第一,界定新时期中国的核心国家利益;第二,识别威胁中国核心国家利益的关键要素;第三,决定如何恰当地运用国家的综合实力去维护其核心利益。对于任何一项重大的对外战略的制定与实施而言,明确其战略方向是至关重要的。

(一)中国自古以来就从事海洋活动

殷墟甲骨卜辞记载,商朝不仅可以造船,而且还有舟兵。据考古发现,商朝的外族夷人曾漂洋过海到达南亚大陆。据《战国策》记载,早在春秋时代,位于中国东部的各诸侯国就开始通过海上相互征伐。吴王夫差两次派军从海上征齐,双方进行了大规模海战,此时诸侯王已认识到可通过海洋扩张实力。据史籍记载,中国早在公元前二世纪,汉武帝时代通过航海实践发现了南沙群岛,泛称包括南沙群岛在内的南海诸岛为崎头。《三国志》记载,吴国派遣将军卫温率领船队抵达今天的台湾岛。在汉唐时期,随着造船技术和大一统局面的出现,汉唐政权开始在开疆拓土和维护国家安定的过程中频繁利用海上力量。汉武帝派遣由 53 人组成的舰队自山东半岛出发,渡海作战建立了东海四郡。汉光武帝派遣伏波将军马援率兵 2 万余人乘两千余艘舰船平复交趾叛乱;唐高宗时期,唐与新罗在朝鲜半岛白江口海战中大败日本与百济联军。唐宋以来,中国已在南沙群岛生活和从事捕捞等生产活动。宋代,中国将南沙群岛命名为万里长沙、千里石塘等名称。明、清时代,中国政府明确将南沙群岛划归广东琼州府(今海南省)管辖。明代郑和下西洋被认为是中国古代海上活动发展的最高峰。明代,戚继光抗倭很大程度上也依靠了海战,依靠先进的造船技术、火器优势大败倭寇,保证了国家的长治久安。在清朝,郑成功收复台湾,以及在清康熙年间宝岛台湾的回归,均体现了海上作战的重要性。19 世纪70 年代,清朝国防战略转为近海防御,建立北洋水师。清末民初,中国知识分子阶层开始反思海军建设和国家海权问题。民国政府曾提出大规模的造舰计划,1913 年提出的"第一次置舰计划"就计划建造 30 艘巡洋舰。[1] 然而,由于当时国家工业薄弱,这个计划只能停留在纸面上,无力追求保障海权这样的目标,社会对海权的认识也有一个渐进的过程。

(二)"重陆轻海"观念长期占据主导地位

中国自古有着"重陆轻海"的地缘政治观念,重视"塞防",忽视"海防"。中国古代战争的威胁主要来自北部和西部,如匈奴、鲜卑、突厥、契丹、女真和蒙

---

[1]　颜声毅:《当代中国外交》,复旦大学出版社 2004 年版,第 132 页。

古等游牧民族,这些地区地处内陆,大多以游牧、畜牧和农耕为生存方式,由此导致中国对海洋防卫的忽略,浩瀚的海洋反而成为天然屏障。中国历代对来自西部和北部的威胁采取了积极的防卫措施,如修筑长城、屯田护卫等,中国政府经过数千年的陆地防卫经营,最终基本消除了来自西部和北部的军事威胁,将对方部分控制区域纳入自己的版图。近代以来,由于长期对海洋的忽视最终使海防成为中国国防的薄弱环节。

(三)海权意识落后使近代中国陷入被动挨打局面

中国自古以陆地为主要依托,农耕文明长期占据主导地位。在一段时期内,"海权"在中国还不是一个明确概念。在《中国海军百科全书》中写道:"海权论是在资本主义进入帝国主义时代出现的。它适应帝国主义侵略扩张,争夺势力范围和世界霸权的需要""海权论迄今仍是某些国家军事思想的组成部分,其中某些观点还为一些国家所接受,对海洋国家仍值得深入研究和借鉴"。① 中华民族长期以来是一个农业型的内陆国家,缺乏向海洋拓展的需求。明清禁海政策使中国长期处于闭关锁国之中。中国古代虽然有过盛极一时的海洋活动,但是,随着郑和下西洋的结束,一切都成为历史。公元 15—17 世纪,世界进入海洋时代,中国却由于最高统治阶层的决策失误,"重陆轻海"思想达到顶峰,统治者妄想通过闭关锁国来阻挡西方殖民者的殖民运动,但西方列强侵略中国恰恰是从海上开始的。"自 1840 年鸦片战争起的一百年间,帝国主义列强从海上入侵我国达 470 余次之多"。

二、"一带一路"倡议下建设海洋强国的历史必然性

党的十九大提出建设海洋强国,在当前复杂的国内外形势下具有重要的现实意义、战略意义。21 世纪是海洋世纪,也是中国快速发展,努力实现伟大复兴的世纪。作为一个海洋大国,中国的发展受到世界海洋秩序的变化尤其是周边各国海洋战略的调整等因素的影响越来越大。在钓鱼岛争端和南海纷争的背景下,实施海洋强国具有更为现实的意义,不仅有利于增强我国的海洋实力,更有利于我国的全面崛起。

(一)近代中国海权意识淡薄造成国家落后

中国海军的最早记录是在汉武帝时期的楼船军。三国时期,吴国造船业很发达,曾有万余人出海航行到达夷州(今台湾岛)。在白江村海战中,唐朝水

---

① [美]保罗·肯尼迪:《大国的兴衰》,陈景彪等译,国际文化出版社 2006 年版,第 9—10 页。

军凭借坚船利器击溃了十倍于己的日本舰队,确立了大唐在东亚的中心地位。宋代,政府已经拥有当时世界上力量最强的海军。1128 年,南宋海外贸易所得已经占据国库收入的两成,海上贸易带动了制造业、加工业和运输业的兴盛,中国掌握了印度洋航运的控制权,将贸易航线延伸到非洲的东海岸,带去了丝绸茶叶等商品,也带去了先进的科学、技术、工艺等,为建立在商业基础上现代世界的形成奠定了基础。明清时期长期的闭关锁国,不仅使中国没有像西方国家那样建立现代化的海军,甚至连传统水军也因长期失去操练而衰弱。清末,清政府开始筹建南洋、北洋和福建水师,但在马尾海战和甲午海战中遭受了毁灭性打击。民国时期,北洋军阀和南京国民政府在海军建设中也裹步不前。近代中国的屈辱史部分根源就在于有海无防,我们在建设海洋强国的道路上必然会面临许多挑战和阻力,建设强大的海上武装力量特别是强大海军是建设海洋强国的必要条件。

当代海军有五大职能:预防冲突、维持对海洋的控制和航海自由、维护海洋秩序、向海外投送兵力以及进行必要的国际合作。海军将是中国履行国际义务,承担国际责任和推进国家间军事合作的重要力量,是保卫国家海上贸易和能源通道安全,维护国家海外利益的战略性军种。没有强大的海外军事投送能力,海外贸易保护和海外利益保护就会成为一纸空文。在建设海洋强国的国际斗争中,海军力量的建设必须走在前面。拥有一支能打胜仗的海军,既是我国建设海洋强国的力量支撑,也是维护和发展我国地位的战略力量。

(二)中国同周边国家海洋岛屿纷争日益激烈

进入 21 世纪后,世界各国对陆地资源的开发竞争日趋白热化,越来越多的国家把目光投向海洋,寻找新的突破。海洋蕴藏的资源比陆地丰富,其中,海洋石油蕴藏量约 1 100 多亿吨,目前探明储量约 200 亿吨;海洋天然气储量约 140 万亿立方米,目前已探明储量约 80 万亿立方米。① 随着经济、科技的高速发展,世界各国对海洋的关注度越来越高,催生了世界海洋错综复杂的发展趋势,主要表现在:① 激烈争夺海洋资源导致各国对海洋权益的强化;②《联合国海洋法公约》某些条款内容的模糊造成诸多问题;③ 海上安全威胁催生海洋治理,海盗、海上恐怖主义行动、走私、贩毒等非传统安全问题突显;④ 美国将海洋作为战略调整的重点加剧世界海洋不平衡格局。在这些因素的共同推动下,世界海洋格局变得愈发错综复杂,各国之间围绕着海洋权益问题也展

---

① 章示平:《中国海权》,人民日报出版社 1998 年版,第 151 页。

开争夺。我国周边海洋问题纷繁复杂。越南、菲律宾等国以争夺海洋资源为目的，以海洋安全威胁为借口不断蚕食我国海疆。

中国目前与周边多国存在着海洋利益纠纷，包括韩国、日本、菲律宾、马来西亚和越南等国，在主权属于中国的 300 万平方千米的海域中有一半存在争议。南海主要涉及中国、越南、菲律宾、马来西亚、文莱、印度尼西亚。其中，越南、菲律宾和马来西亚共占领南沙岛屿 43 个，并在所占岛屿上修建多处军事基地，派驻军队大量掠夺我国海域石油资源；同时拉拢美国、日本、印度等区域外大国通过多种方式介入南海，将南海问题国际化。周边国家的无理做法激起我国广大人民的强烈愤慨，同时也从侧面强化了我国普通民众的海权意识，为国家进一步加强实施海洋强国战略提供了有利氛围。国际政治、经济、军事和科技活动离不开海洋，人类的可持续发展也必然越来越多地依赖海洋。我们要建设海洋强国，2012 年 12 月 14 日，中国常驻联合国代表团代表中国政府向联合国秘书处提交了东海部分海域二百海里以外大陆架外部界限划界案。由此可见，近年来，我国政府在海洋外交方面一直给予高度重视，海洋外交政策也正在逐渐趋于成熟，这对于扩展国家管辖海域范围和未来发展空间具有重要的战略意义。

（三）实施海洋强国战略对维护国家整体安全具有现实意义

海洋安全是国家安全的一个重要组成部分。在世界近现代史上，出不了外洋就守不住近海，失去近海必将会失去沿岸国土。1840—1949 年这 100 多年间，中国遭受到世界列强近 479 次的入侵，入侵舰船 1 860 多艘，兵力 47 万多人。[①] 中国大部分重要港口、港湾、岛屿屡遭列强践踏。在与周边国家海洋权益争端日趋激化的情况下，坚持实施海洋强国战略才能有效地提升我国海洋的软、硬双重实力。在当前中日钓鱼岛争端和南海争端中，只有拥有海洋硬实力才能捍卫国家海洋领土完整，才能有效地震慑周边国家。

同时，要想妥善地处理当前纷争复杂的海洋争端还需要提升我国的海洋软实力。提升我国海洋软实力有利于实现和平发展，推进和谐海洋、和谐世界的建设。中国要成为真正意义上的世界强国，首先应该成为世界意义上的海洋强国，但建设海洋强国不能只靠武力，还要靠海洋软实力的提升。拥有强有力的海洋综合实力必将有利于保障我国在社会经济高速发展下的资源、能源需求；必将有利于确保我国在解决周边海域纷争问题时始终处于主导地位；必

---

① 颜声毅：《当代中国外交》，复旦大学出版社 2004 年版，第 232 页。

将有利于我国全面实现中华民族伟大复兴的崛起战略。这就要求我国在实施海洋战略时要立足于国家安全和发展的战略全局,着力构建和推进与我国国际地位、国家权益和发展利益相适应的海洋事业,加强海洋经济的指导和调节,促进海洋产业集群化、规模化发展,提高海洋综合管理能力,不断强化我国海洋的软硬双重实力。

三、建设海洋强国的对策

习近平主席指出,我国既是陆地大国,也是海洋大国,拥有广泛的海洋战略利益。经过多年发展,我国海洋事业总体上进入了历史上最好的发展时期。这些成就为我们建设海洋强国打下了坚实基础。我们要着眼于中国特色社会主义事业发展全局,统筹国内国际两个大局,坚持陆海统筹,坚持走依海富国、以海强国、人海和谐、合作共赢的发展道路,通过和平、发展、合作、共赢方式,扎实推进海洋强国建设。从五百年大国崛起的轨迹来看,重视海权是崛起之道。葡萄牙、西班牙的崛起源于大航海时代的来临,依靠开辟新航路、发现新大陆实现全球性物资流通和掠夺性贸易完成。"海上马车夫"及"日不落帝国"的构建也得益于海洋战略的实施和全球贸易的结果。[1] 由此可见,中国在多级化的世界政治格局中不能忽视海权,作为陆上强国,中国有灿烂辉煌的历史,但最终还是被海洋强国所击破国门而沦为半殖民半封建社会。就此而言,中国必须走出陆权强国的桎梏,以"海权、陆权两条腿走路的方式"实现大国崛起。

(一)从传统海洋发展模式走向现代海洋发展模式

传统海洋发展模式仅限于海洋捕捞和有限的海上贸易,现代海洋发展模式则注重全面利用海洋促进经济的发展,加强海内外的交流,保障国家的安全,实现和平崛起的战略目的。党的十八大以来,习近平总书记强调要提高海洋资源开发能力,着力推动海洋经济向质量效益型转变。发达的海洋经济是建设海洋强国的重要支撑。要提高海洋开发能力,扩大海洋开发领域,让海洋经济成为新的增长点。要加强海洋产业规划和指导,优化海洋产业结构,提高海洋经济增长质量,培育壮大海洋战略性新兴产业,提高海洋产业对经济增长的贡献率,努力使海洋产业成为国民经济的支柱产业。

(二)建构与时代相适应的海上安全战略

新时期,习近平主席指出,要维护国家海洋权益,着力推动海洋维权向统

---

[1] 章示平:《中国海权》,人民日报出版社1998年版,第51页。

筹兼顾型转变。当前,我国海上安全环境形势严峻,主要挑战包括:台湾问题及周边海上领土争端对于我国主权完整的现实挑战;海上战略通道安全对国家能源安全与经济发展的现实威胁;以美国为代表的世界主要力量中心对于中国形成的海上战略围堵;对我海上战略空间的挤压与控制从而形成的海洋方向的战略压力。这些挑战与压力无时无刻不在威胁着我国的海上安全与国家安全,我们必须提高认识,高度重视海上安全,建构与时代相适应的海上安全战略,有效应对这些挑战与压力。建构与时代相适应的海上安全战略,必须对海上安全战略的内涵进行深入理解。

(三)培养全民海洋意识,树立海洋强国观念

党的十九大将建设海洋强国上升到国家战略的高度,这就要求我们必须加强全民海洋意识的培养,进而树立海洋强国的观念。首先,建立蓝色国土观念,全面认识海洋,普及蓝色国土观念,使全民认识到中国领土还包括约为 300 万平方千米的海洋面积,进而推动决策层在国家战略制定中加深对于海洋因素的思考。① 其次,在"中国梦"的指导下合理利用海洋。党的十九大报告将发展海洋经济放在生态文明建设的部分进行讨论,进一步明确了中央对于保护海洋生态环境、合理利用海洋的态度和要求。再次,构建和谐海洋,实现中国通周边睦邻友好合作。中国实现海洋强国,要坚持走和平、发展、合作的道路来开发利用海洋,切实按照与邻为伴、与邻为善的方针处理与海上邻国的关系,与各国一起和平利用海洋。坚持"主权属我、搁置争议、共同开发"的方针,推进互利友好合作,寻求和扩大共同利益的汇合点。②

(四)建设强大海军保卫蓝色海疆

如何守卫漫长的海岸线已成为中国现代海军建设面临的主要问题。中华人民共和国成立后,中国海军经历了一个从无到有、从弱小到强大的发展过程,党和国家历代领导集体都非常重视海军建设。经过 60 多年的努力,我国已经建设起一支初步具有现代化近海作战能力的海军,并逐渐发展中远程海洋控制和投放能力,由近及远稳步扩展中国海军的活动、影响和掌控范围。中国奉行防御性的国防政策,中国加强国防建设的目的是维护国家主权、安全、领土完整,保障国家和平发展,中国军队始终是维护世界和平的坚定力量。习近平主席指出:统筹维稳和维权两个大局,坚持维护国家主权、安全、发展利

---

① 《习近平谈治国理政》,人民出版社 2014 年版,第 52 页。

② 《习近平总书记系列重要讲话读本》,学习出版社 2016 年版,第 92 页。

益相统一,维护海洋权益和提升综合国力相匹配。要坚持用和平方式、谈判方式解决争端,努力维护和平稳定。要做好应对各种复杂局面的准备,提高海洋维权能力,坚决维护我国海洋权益。首先,坚持积极防御的海军战略,实施防御与进攻相协调的战略手段。在斗争方式的选择上,应当优先运用非战争方式,慎重运用战争方式。其次,应当调整海军的防卫范围,实现近海的绝对安全与远洋的有效威慑。在新时期的海上军事斗争中,有效地控制近海有着十分重要的战略意义。只有控制住近海,才能形成大纵深、立体、全方位和多层次的海上战略防御纵深,确保国家海上安全与利益不受侵犯。积极推进军事斗争准备,全面提高部队以打赢信息化条件下局部战争能力为核心的完成多样化军事任务能力。

中国作为新的国际权力结构的重要组成部分,可通过在构建人类命运共同体的视野下实施"一带一路",建设世界海洋强国,推动国际秩序朝着更加公正合理的方向发展。21 世纪,我们的目标是全面建成小康社会,实现中华民族伟大复兴的"中国梦"。而建设海洋强国、提高海洋意识,是实现祖国统一、改善与周边国家关系、促进经济健康稳定发展的重要环节。21 世纪是海洋世纪,历史的教训和时代的需要,决定了我们必须重视海洋问题,从战略的高度来深化海洋利益的发展,必须全面提高海洋意识,早日建成海洋强国,实现两个"一百年"的发展目标。

The Historical Evolution of China Sea Right Consciousness Under the Background of Building the World Maritime Power

WANG Rongliang

Abstract:The 19th national congress of the communist party of China proposed to accelerate the development of border areas and ensure the consolidation and security of border areas. We will continue to coordinate land and sea affairs and accelerate the building of a maritime power. Building a maritime power is a major decision made by the CPC central committee at the decisive stage of building a moderately prosperous society in all respects in China, and an important part of the path of socialism with Chinese characteristics. "Area" strategy is an effective way to build a community of human destiny, in order to ensure the smoothly of "area", China actively follow politics surrounding the refactoring logic: redefine China's core national interests in the new period, carefully identify the key elements of the threat to China's core national interests, to decide how to use national power to maintain core interests, through its peaceful development better safeguard world peace and promote the long-term development of the community of human destiny. By introducing the evolution of China's maritime rights consciousness in the context of "One Belt And One Road", this paper analyzes the reasons why China lagged behind in maritime development in modern times, and points out that China should guide the society to establish an overall maritime consciousness, so as to realize the great "Chinese dream" and the two "centenary goals" of national rejuvenation.

Key Words: the Belt and Road; Sea Power; History; Evolution; Research

【参考文献】

［1］ ［美］阿尔弗雷德·塞耶·马汉：《海权论》，一兵译，同心出版社 2012 年版。

［2］ 颜声毅：《当代中国外交》，复旦大学出版社 2004 年版。

［3］ 章示平：《中国海权》，人民日报出版社 1998 年版。

［4］ 刘明、博弈：《冷战后的美国与中国》，中国传媒大学出版社 2005 年版。

［5］ 季平子：《从鸦片战争到甲午战争》，华东师范大学出版社 1998 年版。

域外动态

特朗普政府南海新政及
中国的应对*

胡志勇**

　　摘　要：特朗普上台以来，积极推行南海新政，主动采取比奥巴马时期更为强硬的多方位行动，频繁加大对南海的介入程度，"南海巡航计划"呈现常态化、军事化和长期化的特征，旨在构建以美国为主导的南海新地缘安全格局，以形成对华全方位、多维度的防范态势，牵制中国在南海的行动，从而继续维持美国在"印太"地区的主导地位。尽管其南海政策尚未完全成型，但对中国海上力量发展产生了极为不利的影响。中国应早作应对之策。

　　关键词：美国；国家政策；研究

　　特朗普新政府上台以来，尽管其南海政策没有完全成型，但是，美国一方面积极推行强硬的对华政策，高调推行、升级"南海巡航行动"计划，并使之常态化、军事化；另一方面，以构建"印度洋—太平洋"安全体系为重点积极推进有别于奥巴马时期"亚太再平衡"的新战略，强化与中国的战略竞争，"制衡中国崛起"正成为特朗普政府构建"印度洋—太平洋"安全体系重要战略目标；强

---

* 　本文系国家社科基金重大项目："国家海洋治理体系构建研究"（项目批准号：17ZDA172）的阶段性成果。

** 　胡志勇，上海社会科学院国际问题研究所研究员、中国海洋研究联盟理事长兼秘书长、上海海洋战略研究所所长。

调"美国第一"原则,号召美国以"举国之力"应对中国崛起,注重"硬实力"外交,更积极地参与印太地区事务,增加在印太地区的军事部署,重振美国军力,以海军为重点扩充军备,从而保持和增强对中国长期的战略威慑力,继续维持美国在当今国际秩序中的影响力。

特朗普政府上台以来,积极推行具有实质性军事特征的南海新政策,不断提升美国在南海议题上的存在感与主导作用,以对冲和削弱中国日益上升的军事与安全影响力,使南海地区局势呈现出更复杂的态势,冲突风险上升,中国解决南海争议面临新的严峻挑战。

一、在南海地区积极构建以美国为主导的新地缘安全格局

特朗普南海新政主要有以下几个特征:

(一)积极强化在南海地区常态化存在

特朗普政府着眼于中国军力增长所专注的领域,包括中国准备应对台海、东海、南海危机情形的能力以及中国反干预的能力等;通过竞争性威慑"以力量求和平,以威慑避冲突",成为特朗普上台以来对华战略的主要策略。

特朗普上台两年多来,在"航行自由行动"的名义下,美军舰机多次进入南海进行军事巡航,频率上升,并加快了对中国海域抵近侦察次数;美军舰只频繁进入南海中国岛礁12海里区域,在南海地区动作频频。

2017年5月25日,"杜威"号驱逐舰进入中国南海美济礁12海里,[①]并宣称此举为行使国际法赋予的航行自由权。这是特朗普政府上台以来首次针对中国实控南海岛礁进行的军事"巡航";7月2日,"斯坦塞姆"号驱逐舰进入西沙中建岛12海里;8月10日,"麦凯恩"号驱逐舰进入美济礁12海里。

美军"巡航"美济礁再次显示了中美两国对南海海洋权益认识的巨大分歧。这次"巡航"本身是对中国关于"对南沙岛礁及其附近海域拥有无可争辩的主权"立场的挑衅。"美方的错误行为使南海趋于好转的局面受到破坏,不利于南海的和平稳定。"[②]

2018年美国南海"航行自由行动"继续升级,"航行自由行动"的频率与力度有增无减,而且更具挑衅性。中美双方舰只围绕"航行自由行动"的对抗强

---

① "美舰队'低调'巡航南海 新版亚太战略或将出炉",来源于 www.thepaper.cn,最后访问日期:2019年2月10日。

② 国防部:《中方掌握美军航母编队在南海情况》,载《人民日报》2017年2月23日,第4版。

度显著升级,美军 B-52 轰炸机群四度飞临南海上空。

众所周知,中国对黄岩岛及其附近海域拥有无可争辩的主权。中国海警巡航黄岩岛已实现了常态化。中国一向尊重和维护各国依据国际法在南海享有的航行和飞越自由,但坚决反对任何国家以航行和飞越自由为名,损害中国的主权与安全利益。

2018 年 1 月 17 日晚,美国"霍珀"号导弹驱逐舰在未经中国政府允许的情况下,擅自进入中国黄岩岛 12 海里内海域,中国海军依法对美舰进行了识别查证,予以警告驱离。3 月 23 日,美军"马斯丁"号驱逐舰进入南沙群岛美济礁 12 海里内;5 月 27 日,美军"希金斯"号导弹驱逐舰和"安提坦"号导弹巡洋舰驶入西沙群岛中的赵述岛、东岛、中建岛和永兴岛 12 海里内进行演习行动,刻意挑衅中国的主权与安全。9 月 30 日,美国海军导弹驱逐舰"迪凯特"号驶入南沙南薰岛和赤瓜岛 12 海里海域内航行,进行所谓的"航行自由行动"。11 月 29 日,美国"钱瑟勒斯维尔"号导弹巡洋舰在西沙海域开展"航行自由行动",意在"挑战中国的过度海洋主张,维护受国际法管辖航道的进入权"。

2019 年 1 月 24 日,美军"麦康贝尔"号驱逐舰和"华特狄尔"号补给舰通过台湾海峡。2019 年 1 月 26 日—2 月 6 日,美国海军陆战队 F-35B 隐形战机在菲律宾附近海域的"黄蜂"号两栖攻击舰上起降,进行全挂载武器的"里程碑式飞行训练",此次实地合练再次证明了美国军事力量在南海地区的持续存在,展示了美国军事优势,进一步提高了美军杀伤力与两栖作战能力。

2019 年 2 月 11 日,美军"斯普鲁恩斯"号和"普雷贝尔"号导弹驱逐舰擅自进入中国南沙群岛仁爱礁和美济礁邻近海域,遭到解放军南部战区部队的警告驱离。2019 年 2 月 25 日,美军"史塔森"号驱逐舰和"查维兹"号后勤弹药补给舰通过台湾海峡。2019 年 3 月 24 日,美国海军"柯蒂斯·威尔伯"号驱逐舰及海岸警卫队"伯索夫"号巡逻舰通过台湾海峡,尽管中国反对,美国仍在增加船舰通过战略水道的行动频率。美国将执法船派遣到台海地区"维持秩序",进一步展现了美国在印太地区的霸权心态,以此显示美国的"世界警察"形象,并向盟友们发出"示范"信号。2019 年 4 月 28 日,美军"斯特西姆"号驱逐舰率"劳伦斯"号驱逐舰由南往北穿越台湾海峡。并开启自动船位回报系统(AIS)。2019 年 5 月 22 日,美国海军军舰"普雷贝尔"号驱逐舰和"沃尔特迪尔"补给舰通过台湾海峡。

表 1　美国军舰在南海地区行动一览表

时　间	舰　只	航行范围
2017 年 5 月 25 日	"杜威"号驱逐舰	进入中国南海美济礁 12 海里
2017 年 7 月 2 日	"斯坦塞姆"号驱逐舰	进入西沙中建岛 12 海里
2017 年 8 月 10 日	"麦凯恩"号驱逐舰	进入美济礁 12 海里
2018 年 1 月 17 日	"霍珀"号导弹驱逐舰	擅自进入中国黄岩岛 12 海里内海域
2018 年 3 月 23 日	"马斯丁"号驱逐舰	进入南沙群岛美济礁 12 海里内
2018 年 5 月 27 日	"希金斯"号导弹驱逐舰、"安提坦"号导弹巡洋舰	驶入西沙群岛中的赵述岛、东岛、中建岛和永兴岛 12 海里内演习行动
2018 年 9 月 30 日	"迪凯特"号海军导弹驱逐舰	驶入南沙南薰岛和赤瓜岛 12 海里海域内航行
2018 年 11 月 29 日	"钱瑟勒斯维尔"号导弹巡洋舰	在西沙海域开展航行
2019 年 1 月 24 日	"麦康贝尔"号驱逐舰、"华特狄尔"号补给舰	通过台湾海峡
2019 年 1 月 26 日—2 月 6 日	海军陆战队 F-35B 隐形战机在菲律宾附近海域的"黄蜂"号两栖攻击舰上起降	
2019 年 2 月 11 日	"斯普鲁恩斯"号、"普雷贝尔"号导弹驱逐舰	擅自进入中国南沙群岛仁爱礁和美济礁邻近海域
2019 年 2 月 25 日	"史塔森"号驱逐舰、"查维兹"号后勤弹药补给舰	通过台湾海峡
2019 年 3 月 24 日	海军"柯蒂斯·威尔伯"号驱逐舰、海岸警卫队"伯索夫"号巡逻舰	通过台湾海峡
2019 年 4 月 28 日	"斯特西姆"号驱逐舰、"劳伦斯"号驱逐舰	由南往北穿越台湾海峡
2019 年 5 月 22 日	"普雷贝尔"号驱逐舰、"沃尔特迪尔"补给舰	通过台湾海峡

资料来源：根据新闻报道统计汇制。

　　特朗普政府执政以来,美国海军不断调整其在南海地区的前沿部署方式,继续加大在西太平洋地区的整体部署,强度之大超过了冷战时期美军的海外行动,以形成更强大的海上机动力量。而且,特朗普政府以所谓"航行自由行动"为由,派遣美军舰机多次进入南海,频次之高、抵近中国领海海域之深,超过以往历届总统,"南海巡航"行动常态化。其战略目的与针对中国的战略意图暴露无遗,不断挑衅中国主权,刻意挑动南海周边国家矛盾,煽动南海周边国家对华敌意感,使南海紧张气氛陡然上升。

(二)南海新政逐渐军事化

特朗普政府南海新政比奥巴马时期更为强硬。与奥巴马政府"巡航"的政治化相比,"军事化""低调""去政治化"则成为特朗普政府南海"巡航"行动的主要特征。特朗普南海新政军事化主要表现在三个方面:①

一是针对南海的军事部署与行动呈现出了明显加强之势,在南海地区采取的军事手段的势头也超过了政治、经济和其他手段。美国积极寻求在南海周边国家加强军事基地建设,以提升在南海进行军事行动的能力。

2016 年年底,作为候任总统的特朗普就发推特公开批评中国在南海的行动。时任美国太平洋司令部司令也公开指责中国在南海的行为是"带有挑衅性和扩张主义性质",坚称中国的目的是为了"建立沙土长城",以期掌握对南海争议水域的控制权。2017 年 1 月,美国国务卿蒂勒森公开表态支持美国在南海问题上对中国作出严厉回应。2017 年 6 月,美国国防部长马蒂斯在新加坡香格里拉对话会首场全体会议上,发表"美国与亚太安全"专题演讲,指责中国无视国际法和其他国家在南海地区的利益,公开宣称南海问题与朝鲜问题是亚太地区面临的两大安全挑战。

美国担心中国在南海的海上力量快速发展会削弱美国在东亚海域乃至整个"印太"地区的主导地位,破坏美国海权赖以生存的所谓"自由规则"。出于共同抗衡中国的战略需求,美日澳印等国纷纷以"航海自由"为名派遣军舰巡航南海,其中以美、日两国最为突出:美军曾派出核动力航母"卡尔·文森"号战斗群沿南海领海基线巡航,公然挑衅中国。远在欧洲的法国、英国 2018 年也正式开始强势介入南海"航行自由行动",高调表现出对南海海域自由航行的战略关注;②英、法等域外大国在南海问题上谋求更大参与度,对南海事务的介入也日趋积极,并显示出美国西方盟友在南海问题上不仅看法一致、利益一

---

① "特朗普政府南海政策的'军事化'不合时宜",来源于 http://cnews.chinadaily.com.cn,最后访问日期:2019 年 2 月 10 日。

② 朱锋:《2018 年南海大国博弈新动向》,载《世界知识》2018 年第 24 期,第 49 页。

致,而且与特朗普南海新政上的强硬立场日趋保持一致,将进一步推动南海问题国际化、军事化,并使南海问题更趋复杂化。

目前,美国在南海区域的军事存在主要体现为海军穿梭航行、举行(联合)军事演习、军事训练等。而且,美国航空母舰和两栖攻击舰等大型舰只靠泊在新加坡樟宜海军基地,美国第七舰队西太平后勤指挥部设在三巴旺军港,负责为在太平洋和东南亚行动的美军舰只提供后勤服务,美国空军飞行小队驻在巴耶利峇空军基地,主要任务是为停靠的航空母舰上的海军航空部队提供飞行训练。美国获准使用的菲律宾五处军事基地,借助建设菲律宾的军事基地增派军事人员,使美国在南海海域的海空实力得到极大的提升。

新加坡成为美国在南海周边驻军最多的国家,美国在菲律宾驻有海军陆战队。① 在印度尼西亚、马来西亚通过派驻军事联络人员,维持程度较低的军事存在。

二是特朗普政府南海新政日趋"军事化"。军事因素与军事手段在美国南海政策中的分量陡然上升,特朗普政府军事动作显著增强,对军事手段的依赖性也不断增强。在通过使用军事手段达到军事目的的同时,以弥补其政治与外交等其他政策的不足。"以力量投射规则",通过军事行动施加政治与外交影响力,以维护美国在南海地区的影响力。

2017 年 4 月,美国政府批准了美国国防部的年度南海"航行自由宣示"计划,凸显军事手段在美国南海政策中的重要地位。美军南海航行行动频率加快,巡航范围也不再遵守"无害通过"的规则。

三是提高美国在南海周边军事行动的密度,简化审批程序,扩大军事部门权力。在挑拨周边国家与中国矛盾的同时,获取最大战略利益。

特朗普上台执政以来,美国大幅提升了在南海周边军事行动密度。"南海巡航"行动更积极,频率增大,与实战准备结合更为紧密,挑衅力度和范围不断扩大。美军频频进入南海搅局,由岛礁领海无害通过升级为西沙直线基线和南沙岛礁 12 海里内机动航行与演习,在行动上反映出特朗普政府在南海"航行自由"问题上更强硬的立场,更主动挑衅中国,在已经相对平静的南海区域不断制造热点,恐吓、拉拢南海周边国家对抗中国,对冲和抵消中国近年来与东盟谈判合作的努力,增添对华军事威慑力,以"维护"美国在南海甚至全球海洋霸权者的地位。

---

① 陈永:《美国在南海周边的军事基地建设》,载《现代舰船》2019 年第 9 期,第 27 页。

奥巴马政府时期更加关心南海事务,美军巡航南海的计划采取"个案处理"方式,由国防部将相关计划呈递白宫国家安全委员会,国家安全委员会对美国南海政策的各种细节进行把控,得到批准后方可行动。特朗普上任以来,国防部简化报批程序,改为制定年度计划,一次性获得总统批准,国防部获得了更大的自主权,部队操作的行动空间扩大,风险性与危险性上升。

(三)联合军演实战化

美国频频与日本、印度、菲律宾等中国周边国家举行联合军事演习,不断升级演习规模与科目,以实战为演练,联合军事演习扩大化,借机强化与盟国和伙伴安全合作,不断提升彼此实战协调能力,且突出针对中国的意图。

始于1992年的"马拉巴尔"联合军事演习在美国积极支持下规模越办越大。2017年7月,"马拉巴尔"联合军演在孟加拉湾举行。美日印三国20艘战舰、潜艇和飞机参加了此次联合军事演习,以强化美日印三国海军在反潜作战和海面作战的协调能力,并制衡中国。

日本以维护自由航行和航行安全为由,积极强化与美国在南海的联合行动。日本以"战略性寄泊"为幌子,积极扩展在南海的势力,以达到在南海保持常态化军事存在的战略目的。日本海上自卫队在2017年5月也派出直升机航母"出云"号等战舰前往南海,与美国航母编队进行联合演习,并访问东南亚多个国家。印度海军也派出了"维克拉姆帝亚"号航母参加了本次联合军演。

2018年6月,"马拉巴尔"联合军事演习在美国关岛附近举行,美日印三国派军队参加,此次军演规模为历年来最大。此前澳大利亚有意加入此次军演,但印度拒绝了澳大利亚这一要求,只建议澳方派遣人员登上美国、印度或日本的舰艇,观察在孟加拉湾举行的演习。

"马拉巴尔"联合军事演习由印度牵头发起,以加强其与美国的军事合作,并成为印度实现其"大国外交"战略的重要平台。"马拉巴尔"演习地点主要在印度洋地区,初期演习科目是演练海上救援与反恐等,随着美国"重返亚太"和"印太"安全体系的推出,演习逐渐向实战演练转变。

而且,美、日、澳之间还多次举行高难度的联合军事演习,特别是举行针对中、俄意图的反潜演习:2019年2月,美、日两国在南海举行反潜演习;与此同时,两国又在日本南部海域举行为期一周、代号"潜艇竞赛"的反潜演习,包括美国攻击核潜艇、日本海上自卫队"准航母"以及多艘潜艇和反潜巡逻机在内的庞大编队参与了这次演习。此次演习中核潜艇和常规潜艇混搭的方式表明,针对中、俄的战略意图十分明显。2019年2月18日—3月8日,美日澳三国近 100 架军机在关岛举行联合空中军事演习,这是"对抗北方"军事演习的一部分,此次演习以人道主义援助和救灾为重点,旨在加强美国空军、海军和海军陆战队以及日本航空自卫队和澳大利亚皇家空军之间的联合空中作战能力。

2018 年 10 月,澳大利亚联合新加坡、马来西亚、新西兰、英国,在南海海域实施了为期三周的代号为"五国团结—2018"的"国际安全演习",演习以中国为"假想"目标,提高参演部队的实战能力和协调能力,积极策应美国的南海新政,破坏南海地区的稳定态势。

2019 年 4 月,美、菲 2019 年度"肩并肩"联合军事演习在菲律宾举行,演习聚焦国土防御与反恐。美军派出"黄蜂"号两栖攻击舰,该舰搭载美军 F-35 战机,这也是美军首次派出该型战机参加演习。此次联合军演,美军派出了 3 500 名参演人员,菲军派出了近 4 000 名参演人员,澳大利亚军方派出 50 人参加演习,多个国家也派出了观察员参加。5 月,美、日、澳、韩四国海军近日在西太平洋举行了首次联合演习,美国希望其盟友能为整个印度洋—太平洋地区提供安全保障。

(四)在南海地区的挑衅行为呈现长期化态势

美军舰机以"航行自由"和"自由飞越"等名义在全球海域、空域实行所谓"无害通过",构成了美国全球霸权的重要表现和组成部分,也成为确保美国军事力量全球顺畅机动的重要手段。

抢在《联合国海洋法公约》签署之前推出"自由航行计划"的美国,至今没有加入《联合国海洋法公约》,[1]充分暴露出美国既要以《联合国海洋法公约》约束他国,限制他国的海洋权益,又要使其自身不受任何约束地在海洋和天空为所欲为的拥有霸权思想、霸权逻辑和霸权行为。

从本质上看,美国"航行自由计划"体现了美国一贯的霸权思想与霸权行径。奥巴马政府时期,美国海军、空军巡航南海的计划采取的是"个案处理"的方式。特朗普上台后指责奥巴马政府在南海问题上的软弱,因而采取了更具"进攻性"的行动,国防部由烦琐的申请审批程序改为制定年度计划,一次性获得总统批准,以提高南海巡航效率。

特朗普政府信奉"以实力保和平",在南海问题上倾向于采用"军事优先",兼顾"战略威慑"态势与"战术突击"能力。美国在南海议题上以实用主义为导向,特朗普政府南海新政的走向也取决于其他问题领域的重要性排序,因而特

---

[1] 吴敏文:《怎样看待特朗普政府的"南海巡航计划"》,载《中国青年报》2017 年 8 月 10 日,第 11 版。

朗普政府南海新政具有明显的不确定性。① 同时，美国在南海地区的挑衅行为更具有长期性的强硬态势。

二、中国的应对之策

美国主导南海地区秩序的愿望以及中国实力的不断增长决定了中美在南海博弈的长期化。虽然特朗普政府继续强硬介入南海问题，但与此同时，特朗普政府在南海问题上发生政策误判的风险依然存在。由于特朗普政府不愿挑起冲突与战争，特朗普与中国发展建设性和"以结果为导向"的美中关系，在南海问题上总体将呈现出一种相对温和的对华攻势。

尽管如此，中国必须高度警惕特朗普南海政策及其影响，并应积极应对，早做各种准备，以减少和降低特朗普南海新政所带来的不利影响，不致使南海问题成为影响中美两国关系走向的主要因素。

第一，中国应提高全民族的海洋权益意识，加强中国海上力量建设。中国在提高国民海洋权益意识的同时，应继续加强海上力量建设，努力实现由近海防御向远洋防御转型的战略目标。② 坚决维护好中国的国家海洋权益、保障中国的海外利益已成为中国海军走向世界的战略目标，③以形成满足随中国快速发展而不断增长的全球利益安全的需要。

第二，中国应积极加大向南海地区提供公共（公益性）产品力度。例如，为过往船只提供通信服务、过往安全服务等，建立和完善海上应急救助机制等，以增加中国对周边海洋国家的吸引力和安全感。中国通过积极参与全球海洋治理，不断向周边海洋国家提供海洋治理的中国主张与中国方案，主导帮助和引导周边中小海洋国家经济、社会发展，加大中国向南海周边国家提供海洋治理公共产品力度，增加中国的凝聚力和向心力。积极深入发展与中国周边国家的友好关系，减少冲突与摩擦；继续与直接有关争议方妥善处理海上分歧，区别对待、各个击破。

在不断推进中国"一带一路"建设进程中，积极与东盟等地区力量保持沟

---

① 贺先青：《特朗普政府的南海政策：话语、行为与趋势》，载《南洋问题研究》2018 年第 3 期，第 63—75 页。

② D.S. Rajan: The Unfolding China's Indian Ocean Strategy, *South Asia Analysis Group*, 2 Feb., 2014, available at http://www.southasiaanalysis.org/node/1455 # sthash.84VHXBEE.dpuf, last visited on 11 Feb., 2019.

③ 中华人民共和国国务院新闻办公室：《中国国防白皮书（2013）》，2013 年 4 月 16 日。

通,推动海上合作,共建互信,致力于实现南海局势向好的方向发展。2017年8月,中国与东盟国家在菲律宾马尼拉举行了落实《南海各方行为宣言》第22次联合工作组会。各方将就落实《宣言》、推进海上务实合作以及"南海行为准则"磋商等问题深入交换了意见。

目前,在中国和东盟国家的共同努力下,南海局势趋稳降温,不断展现出良好积极势头。有关各方重回对话协商轨道,致力于全面、有效落实《南海各方行为宣言》,通过管控争议、增进互信、促进合作共同维护南海和平稳定。中国和东盟将继续保持合作,维护地区安全格局稳定,最大限度地缓和中菲、中越关系。

第三,客观理性处理与美国的关系。众所周知,一个健康稳定的中美两军关系符合中美两国和两国人民的根本利益,也有利于亚太地区乃至世界的和平稳定,需要中美双方共同加以维护。中美两国应相向而行,加强沟通,避免误判,推动两国、两军关系在正确的轨道上向前发展。中美两国应继续共同推进以协调、合作、稳定为基调的中美关系,[①]积极发展合作与建设性的中美关系。

中国应加强与美国的高层互动,促使美方与中方共同管控分歧,为南海和平稳定发挥积极作用;中美双方对于避免在海上直接发生摩擦有基本共识。[②]加强沟通,妥善管控分歧,并在此基础上思考如何从构建地区秩序、规则等长远角度寻求解决之道。

中美应在南海问题上保持军事沟通,及时、全面地在南海地区建立"信心措施",加强两国海上安全合作机制建设,继续构建危机管控机制;缓解彼此敌意,增信释疑,扩大战略共识,避免战略误判、减少对抗,中美两国应共同致力于防止因为美方频繁开展"航行自由"行动而引发的对抗升级,抑制双方因在南海的战略博弈可能引发的军事冲突。

中美两国在海洋多个领域积极展开了对话与合作,取得了一定成效,总体呈现非敏感领域进展顺畅、海上执法与安全合作有序推进、机制化建设不断加强等特点,[③]在一定程度上助推了中美关系的发展。

尽管近年来,中美双方建立了"重大军事行动相互通报机制"和"海空相遇安全行为准则",并且正在就建立两军"危机预防沟通框架"保持沟通。但是,

---

① 新华社评论员:"推进以协调、合作、稳定为基调的中美关系",来源于 http://www.xinhuanet.com, 2019年2月17日。

② 刘琳:《"印太战略"与南海:焦点中的焦点》,载《世界知识》2018年第13期,第22页。

③ 邹艳艳、侯毅:《中美海洋合作:特点与努力方向》,载《国际问题研究》2016年第6期,第44页。

随着中美两军在西太平洋地区的竞争愈演愈烈，中美两国及两军急需建立一种完善的风险管控机制，以避免意外事件升级为冲突。

与此同时，中国应注意美国不大可能以调整南海政策为代价来获取中国对其地区政策的支持。例如，美国不会为使中国配合美国解决朝核问题而收缩美国在南海军事存在或减少对南海问题的介入。

第四，中国应加强在国际法（特别是海洋法）领域人才培养力度，以提高中国在国际海洋冲突方面的话语权。例如，中国应多从法律角度质疑美国航行自由的位置的根据。同时，中国应不断完善海洋立法的机制化建设。

第五，中国应加强舆论引导，揭露美国制造的"航行自由"伪命题。中国学界应在国际平台发声，阐述国际法中的"航行自由"与美国语境中"航行自由"理念的差异，抨击美国在各种场合无端渲染所谓"航行自由"问题的实质就是以此为借口强化美国在南海地区的军事存在，对《联合国海洋法公约》和国际海洋秩序构成挑战。

中国应从舆论方面加大对美国所谓的"航行自由行动"批评力度，同时，中国应管控好国内媒体，没有必要渲染或者过度报道美国"航行自由行动"。需冷静应对美国不断增大的挑衅力度，淡化美国在南海的航行自由行动。

中国应积极利用国际舞台，向世界反复强调中国走和平发展道路，运用和平手段解决包括南海在内的领土争端。反复向外界强调中国在南海不追求武力化的态度。

第六，中国应做好南海问题出现最坏局面的预案，随时准备应对南海的不测变化。中国与南海地区其他国家的共同努力使目前南海局势总体趋于缓和，菲律宾、新加坡等国纷纷后撤，美国在南海的支点呈减少趋势，加上美国目前在东南亚的软实力大不如前，政治、外交、国际法和舆论手段都难以在南海找到好的着力点，美国要想在这一地区保持影响力，军事手段似乎成了其唯一的渠道。随着中国海上力量不断上升，中国维护南海主权的行动将制约美国控制南海的企图，由于中美两国结构性矛盾突出、战略互信不足、双方对国际海洋秩序和国际海洋法的理解存在分歧等现实制约，中、美两国在南海问题上的利益冲突不可避免。① 而中、美之间力量对比的变化又加剧了这种战略利益的冲突。

① Julian Ryall, US-China war "inevitable" unless Washington drops demands over South China Sea, 26 May 2015, available at http://www.telegraph.co.uk/news/worldnews/asia/china/11630185/US-China-war-inevitable-unless-Washington-drops-demands-over-South-China-Sea.html, last visited on 11 Feb., 2019.

　　美国通过对台军售与军事合作,在强化我国台湾地区自卫能力的借口下,暴露了美国严防第一岛链、防止中国军队突破走向深蓝的战略企图。而且,美国不会放弃在南海对中国的骚扰和挑衅,中国必须有所行动。中国现在不是缺少解决南海地区各种事端的军事力量,而是没有强化自己的力量使用频率。美国视南海为中美地缘竞争的中心舞台,美国对于南海地区的"搅局"行为也不会偃旗息鼓,美国在制衡中国的同时也会谋求与中国的协调。①

　　南海已经成为21世纪"全球权力政治的主要节点",未来南海地区紧张局势意外升级的可能性较大。中国军队须继续履行防卫职责,加大海空巡逻警诫力度,坚定捍卫国家的主权和安全,坚定维护地区和平稳定。而且,中国应继续稳固已控制的岛礁,不断扩大可控范围,加强军事存在,不断提升实战能力,既可有效提高威慑力,又可以不断改变中美两国在南海地区的力量平衡。

The Trump Administration's New Deal in South China Sea and China's Response

HU Zhiyong

Abstract:Since Mr. Donald Trump took office, he has actively promoted the New Deal in South China Sea, taken the initiative to take more tough multi-directional actions than those of the Obama Era, and frequently increased his involvement in South China Sea. It aims to build a new Geographical Security Pattern in South China Sea led by the United States, so as to form a comprehensive and multidimensional defensive posture against China, curb China's actions in South China Sea, and continue to maintain the leading position of the United States in the "Indo-Pacific" region. Although its South China Sea policy has not yet been fully formed, it has had a very negative impact on the development of China's maritime forces. China should make a quick response.

Key Words:US; National Policy; Survey

---

①　左希迎:《特朗普亚太安全战略的调整》,载《世界经济与政治》2017年第5期,第46页。

【参考文献】

［1］ 陈永：《美国在南海周边的军事基地建设》，《现代舰船》2019 年第 9 期。

［2］ 贺先青：《特朗普政府的南海政策：话语、行为与趋势》，载《南洋问题研究》2018 年第 3 期。

［3］ 刘琳：《"印太战略"与南海：焦点中的焦点》，载《世界知识》2018 年第 13 期。

［4］ 吴敏文：《怎样看待特朗普政府的"南海巡航计划"》，载《中国青年报》2017 年 8 月 10 日，第 11 版。

［5］ 朱锋：《2018 年南海大国博弈新动向》，载《世界知识》2018 年第 24 期。

［6］ 邹艳艳、侯毅：《中美海洋合作：特点与努力方向》，载《国际问题研究》2016 年第 6 期。

［7］ 左希迎：《特朗普亚太安全战略的调整》，载《世界经济与政治》2017 年第 5 期。

日本北极政策研究：实施动因、战略规划与未来走向

梁怀新 *

摘　要：随着近年来北极战略环境的不断变化，各国纷纷推进本国的北极政策。在此背景下，日本也大力加强本国北极政策的制定与实施。这既基于维护日本北极利益的现实考量，也有着日本整体外交安保政策调整的深层动因。近年来，日本以非传统安全议题为切入点，通过构建北极利益攸关方身份、加强国际合作等手段，不断推进其北极政策，在北极问题上形成了系统的战略框架。未来，日本大力推进北极政策的战略态势将不断增强，并着力推进北极的商业开发和安保能力建设。

关键词：日本；北极政策；北极治理；积极和平主义

近年来，大国极地竞争态势不断增强。北极因其自身重要的地缘政治属性，成为大国竞争的又一新兴领域。近年来，日本不断强化介入北极事务，加强国家层面的北极战略规划，意图增强在北极治理中的话语权与影响力。这既有着地缘政治层面的考量，也是日本整体外交安保战略的延伸。但与此同时，日本作为北极治理的域外国家，在深度介入北极事务的过程中，也面临着

---

*　梁怀新，中共中央党校研究生院外交学专业博士研究生。研究方向：中国外交、日本外交和安保战略。邮箱：lianghuaixin19829@126.com。

一系列的困境与挑战。作为北极治理的域外国家，充分认识日本北极政策的整体战略规划及其未来走向，对于深刻认识北极治理的未来走向、维护我国的海洋安全具有重要的意义。

一、日本北极政策的实施动因

近年来，日本政府不断推进北极政策，加强本国在北极政策上的战略规划。这一方面是由于现阶段北极战略环境正在急剧变化，北极治理面临着严峻的挑战，这需要北极国家同非北极国家加强在北极问题上的合作。同时，北极对于日本而言在航运、能源等方面都具有重要的战略意义。安倍政府上台以来，日本外交和安保政策正在经历明显的转型，在全球层面加强推进日本的战略布局，这也为日本推进北极政策提供了国内动因。

（一）北极战略环境急剧变化，北极治理面临新的挑战

随着全球变暖的不断加剧，北极气候环境也发生了急剧的改变。根据美国国家航空航天局（NASA）发布的公告显示，2018年冬季，北极地区经历了一连串的温暖天气，部分地区气温上升，甚至超过了40℃。[①] 诺贝尔和平奖获得者、俄罗斯科学家奥列格·安尼西莫夫（Oleg Anisimov）则警告称：随着全球变暖的加剧，北极的海冰可能在40年内就会完全消失。[②] 北极气候环境的变化使得北极的战略环境发生了明显的改变。随着北极海冰的融化，原本通航难度极大的北极航道通航能力有望不断提升，因此，也成为各国日益关注的新兴海上交通要道。2009年，德国布鲁加船运公司利用北极航线开展了首次商业航行。[③] 此后，北极航线的开发与利用日益推进。同时，北极地区海洋下蕴含着丰富的能源资源，其中已探明原油储量为1 600亿桶，天然气储量为16.5×10^{6}立方英尺。[④] 特别是随着北极冰面的逐渐消融，海底能源资源开采难度和成本都在急剧下降，北极能源对于各大国的能源安全价值不断提升。

[①] "今年北极海冰面积继续维持低水平"，来源于 http://scitech.people.com.cn/GB/n1/2018/0329/c1007-29896153.html，最后访问日期：2018年7月22日。

[②] "气候变化专家警告：2050年北极海冰或将完全消失"，来源于 http://digitalpaper.stdaily.com/http://www.kjrb.com/kjrb/html/2015-04/03/content_298703.htm? div=-1，最后访问日期：2018年7月22日。

[③] 王竞超：《日本北极航道开发战略研究：战略动机、决策机制与推进模式》，载《世界经济与政治论坛》2017年第3期，第78页。

[④] 肖洋：《中俄共建"北极能源走廊"：战略支点与推进理路》，载《东北亚论坛》2016年第5期，第110页。

同时,北极气候的变化也对北极治理的持续推进提出了新的考验。北极冰雪的逐渐消融会带来海平面上涨等一系列的问题。根据专家的统计,北极地区陆地冰的总体积约为 3.1×10^6 立方千米,若其全部融化,将造成海平面上涨 8 米。[①] 这对于广大沿海国,特别是小岛屿国家将带来严重的影响。但是现行北极治理机制在处理气候变化等相关问题时仍然存在严重的不足。与此同时,随着北极战略地位的不断提升,北极沿岸国家大力推进北极的军事化进程,不断强化北极地区的防卫能力建设。特别是现阶段北极地区军事来源的核污染危险继续存在,但是既有北极治理法律机制中针对军事污染来源的规定仍处于缺失状态。[②] 北极治理出现的一系列问题仅仅依靠北极沿岸国家难以有效应对,需要在全球范围内实现有效合作。这为日本等非北极国家参与北极事务提供了难得的契机。

(二)北极对于日本具有极为重要的战略价值

近年来,日本对于北极价值的认知不断提升,开始从战略的高度推进北极政策。日本对于北极战略价值的关注主要集中在航运资源、能源安全与生态价值三个方面:

1. 航运资源

北极航线连接太平洋和大西洋两大洋,沟通亚欧大陆和美洲大陆,具有十分重要的航运价值。与传统的经巴拿马运河或苏伊士运河的航线相比,北极航线将大大缩短航程,平均可节约 40% 的航行时间。[③] 日本作为传统的海洋国家,对于海上航运资源十分重视。但是对于北极的航运资源,日本长期以来缺乏战略层面的认识。直到 2012 年 12 月,满载 13.5 万 m³ 天然气的 LNG 商船鄂毕河号从挪威途径北极航线抵达日本。这是日本首次直接利用北极的航运资源。这次事件让日本认识到了北极原来如此邻近。[④] 在此之后,日本无论是政府层面还是企业层面,对北极航运资源的认识都有了大幅的提升。

2. 能源安全

日本是能源资源匮乏的岛屿国家,能源严重依赖进口。同时,高度工业化

---

① 国家海洋局极地专项办公室编:《北极海域海洋地质考察》,海洋出版社 2016 年版,第 20 页。

② 唐尧:《北极核污染治理的国际法分析与思考》,载《中国海洋大学学报》(社会科学版)2015 年第 1 期,第 10 页。

③ 厉以宁等编著:《时论中国:为中国留下深度思想印记-03》,中国工人出版社 2014 年版,第 248 页。

④ "北極圏のエネルギー資源と我が国の役割",available at http://www.jiia.or.jp/pdf/resarch/H24_Arctic/02－motomura.pdf,last visited on 26 July,2018.

的经济体系对能源消耗的需求十分巨大，保障能源供应的安全在日本的国家战略中具有重要的地位。2018 年，日本内阁府新通过的第五次能源基本计划就指出："意识到面对能源供给不安的风险，努力确保日本的能源安全是本国重要的课题。"①但是近年来，作为日本能源主要来源地的中东地区战乱频生，进一步拓展日本能源进口的渠道具有重要意义。北极地区具备丰富的能源贮备，是日本未来一段时间可以着重开发的重要地区。2015 年，日本发布的"我国的北极政策"报告中就指出：要充分发挥北极的优势，推进日本中长期能源供给的多元化。②

3. 生态价值

北极气候环境的变化会带来一系列的生态问题。随着北极冰川的融化，开放水面不断增强，北极吸收的太阳辐射能量会进一步增加全球变暖的程度。③ 同时，随着人类在北极地区的航运开发和军事活动不断增加，北极地区如果出现核泄漏等污染问题，也会通过大气和海洋传导至全球，带来连锁反应。北极地区的生态问题不只会对北极沿岸国家带来影响，对于身为岛国的日本也会带来严重的影响。近年来，随着北极气候环境的变化，北极地区生物的多样性也面临严峻的挑战，特别是气候变化给北极渔业资源的前景带来了极大的不确定性。另外，随着北极气候的变化，北极地区公海的捕鱼权问题开始进入议程，北极沿岸国和远洋渔业国之间的渔业权益之争凸显。④ 这对于日本的海洋渔业发展具有重要的影响，也是其关注北极生态价值问题的一个重要方面。

（三）日本外交和安保体制的调整也是日本推进北极政策的深层动因

2012 年，安倍晋三再次当选日本首相，其奉行的新保守主义的政治理念不断推动日本外交和安保体制的调整。其上任后在国会进行的第一次施政演说

---

① "第 5 次エネルギー基本計画（平成 30 年 7 月）", available at http://www.enecho.meti.go.jp/category/others/basic_plan/pdf/180703.pdf, last visited on 26 July, 2018.

② "Japans_Arctic_Policy", available at http://10.129.8.39：81/2Q2WE1DD795AC4499503E6B1EE51D7903C867D0E50BD_unknown_B321BDD67C5D354BCF009795EA9BAC1F4886E245_1/www.kantei.go.jp/jp/singi/kaiyou/arcticpolicy/jpn_arcticpolicy/Japans_Arctic_Policy[JPN].pdf, last visited on 22 July, 2018.

③ "Japans_Arctic_Policy", available at http://10.129.8.39：81/2Q2WE1DD795AC4499503E6B1EE51D7903C867D0E50BD_unknown_B321BDD67C5D354BCF009795EA9BAC1F4886E245_1/www.kantei.go.jp/jp/singi/kaiyou/arcticpolicy/jpn_arcticpolicy/Japans_Arctic_Policy[JPN].pdf, last visited on 12 July, 2018.

④ 邹磊磊、黄硕琳：《试论北冰洋公海渔业管理中北极 5 国的"领导者"地位》，载《中国海洋大学学报》（社会科学版）2016 年第 3 期，第 12 页。

中就表示,将开展"战略性外交",推进本国利益的实现。① 安倍政府的战略性外交一方面坚持积极和平主义的理念,注重发挥日本在全球性问题上的作用,积极参与全球治理。另一方面,在具体操作层面,安倍政府也开展了俯瞰地球仪外交,积极开展覆盖全球范围的外交活动,提升日本的国际话语权和大国影响力。近年来,北极治理方兴未艾。积极参与北极事务,为北极治理提供公共物品,是日本树立大国形象,意图扩大国际影响力的重要渠道。2015 年发布的《北极政策》报告中就指出,日本要基于积极和平主义的基本立场,在北极问题上对国际社会提供应有的贡献。②

同时,安倍政府上台以来,大幅调整日本的安保战略。安倍政府意图摆脱二战后和平宪法的限制,突破专守防卫的基本原则。在此诉求的推动下,安倍政府大力调整日本的安保政策,并积极推动修改二战后和平宪法的进程。在此背景下,日本积极谋求介入北极事务,拓展日本的战略空间。2013 年 12 月,日本颁行了新的"国家安全保障战略",其中明确表示要加强对北极等国际公共空间的介入力度,维护日本的国家利益。报告指出,随着北极航行和能源等领域的进一步开发,国家间围绕北极有可能出现新的争端,因此,日本必须提升在北极问题上的应对能力。③ 此外,强化与中韩等东亚国家在北极问题上的战略竞争也是日本推进北极政策的一个重要考量。近年来,同为东亚国家的中韩等国在北极问题上的积极态度也对日本的北极政策产生了极大的触动。中国在"一带一路"倡议下,积极推动北极地区冰上丝绸之路建设,并于 2018年初发表《北极政策白皮书》。而韩国也利用在造船领域的优势,不断尝试北极航道的开拓与利用,推动"新北方政策"的实施。日本国内甚至有观点认为在北极问题上,相对于中韩,日本已经"迟到了"。④

---

① 首相官邸ホームページ:"平成 25 年 2 月 28 日 第一百八十三回国会における安倍内閣総理大臣施政方針演説",available at http://www.kantei.go.jp/jp/96_abe/statement2/20130228siseuhousin.html, last visited on 22 July, 2018.

② "Japans_Arctic_Policy", available at http://10.129.8.39：81/2Q2WE1DD795AC4499503E6B1EE51D7903C867D0E50BD_unknown_B321BDD67C5D354BCF009795EA9BAC1F4886E245_1/www.kantei.go.jp/jp/singi/kaiyou/arcticpolicy/jpn_arcticpolicy/Japans_Arctic_Policy[JPN].pdf, last visited on 12 July, 2018.

③ "国家安全保障戦略について",available at https://www.cas.go.jp/jp/siryou/131217anzenhoshou/nss-j.pdf, last visited on 6 August, 2018.

④ 産経ニュース:"北極圏開発 中韓は「投資」「航路」積極開拓 日本「出遅れ」(1/3ページ)",available at https://www.sankei.com/world/news/180227/wor1802270003-n1.html, last visited on 22 July, 2018.

二、日本北极政策的战略规划

安倍政府上台以来，日本政府的北极政策迅速推进。2013 年，日本加入了北极治理的核心机构北极理事会，获得了观察员资格，这为日本参与北极事务提供了重要的制度性保障。其后，2015 年日本综合海洋政策本部发布了日本的官方北极政策报告——《我国的北极政策》，对日本的北极政策进行了系统阐释。① 近年来，日本的北极政策已经形成了较为系统的战略规划。

（一）进一步加大北极科考力度，增强参与北极事务的能力

日本对于北极的科学考察活动由来已久，积累了强大的北极科考能力。1957 年，北海道大学教授中谷宇吉郎参加了美国的北极科考活动，对北极冰川环境进行了观测。② 其后，1978 年，日本探险家植村直己只身一人到达北极点，成为有史以来第一位到达北极点的亚洲人。③ 1990 年，日本成立了北极圈环境研究中心，进一步加强在北极的科学考察活动。④

在前期科学考察的基础上，1991 年，日本在位于挪威斯瓦巴德群岛的新奥尔松成立了永久北极观测基地，⑤成为少数在北极拥有科考基地的国家之一。新奥尔松基地位于北纬 79 度，进行北极科考的地理位置十分优越（如图 1）。日本在新奥尔松基地进行了包括海洋、冰雪、气候、生物等在内的一系列科考活动，每年有大量的各领域科研人员在基地从事相关工作。在推进北极政策的过程中，日本积极利用自身深厚的北极科考能力，为在北极的全方位开发与利用提供了重要的科研基础。日本在本国北极政策的官方报告中就强调，要加强北极科研活动，加快尖端观测仪器和船只的研发使用，另外也要推进北极

① "Japans_Arctic_Policy", available at http://10.129.8.39：81/2Q2WE1DD795AC4499503E6B1 EE51D7903C867D0E50BD_unknown_B321BDD67C5D354BCF009795EA9BAC1F4886E245_1/ www.kantei.go.jp/jp/singi/kaiyou/arcticpolicy/jpn_arcticpolicy/Japans_Arctic_Policy[JPN].pdf, last visited on 2 July, 2018.

② "Ny-Alesund-25th-v1-1-20180625.pdf", available at http://www.nipr.ac.jp/aerc/document/Ny-Alesund-25th-v1-1-20180625.pdf, last visited on 22 July, 2018.

③ "植村直己冒険館紹介", available at http://www3.city.toyooka.lg.jp/boukenkan/index.html, last visited on 22 July, 2018.

④ "国立極地研究所 ｜ 研究所案内 ｜ 沿革", available at http://www.nipr.ac.jp/outline/summary/ history.html, last visited on 22 July, 2018.

⑤ "Ny-Alesund-25th-v1-1-20180625.pdf", available at http://www.nipr.ac.jp/aerc/document/Ny-Alesund-25th-v1-1-20180625.pdf, last visited on 6 August, 2018.

スパールバル諸島及びニーオルスンの位置

スパールバル諸島

图 1　日本北极新奥尔松基地位置图

资料来源：日本国立极地研究所："北極ニーオルスン基地開設 25 周年と将来展望"报告，Ny-Alesund-25th-v1-1-20180625. pdf. http://www. nipr. ac. jp/aerc/document/Ny-Alesund-25th-v1-1-20180625.pdf.

研究和科考基地的建设工作。①

　　与此同时，日本还通过加强与北极研究机构和相关国家在北极科考方面的合作，进一步加强本国的北极科考能力建设。1992 年，日本加入国际北极科学委员会（IASC），并于 1996 年加入了欧洲非相关散射科学学会（EISCAT）。另外，日本也逐步推进与相关国家的北极科考活动。1998 年，日本与德国共同进行了北极圈飞行观测活动。② 同时，为了进一步提升北极科考工作的效率，日本也积极促成国际北极环境研究中心的改组。近年来，日本还在位于挪威的世界最北大学斯瓦尔巴大学（UNIS）设立了北极研究室，同时利用日本国内大学在俄罗斯以及北美等地的共同研究机构加强北极研究能力建设。③ 日本

---

① "Japans_Arctic_Policy", available at http://10.129.8.39：81/2Q2WE1DD795AC4499503E6B1EE51D7903C867D0E50BD _ unknown _ B321BDD67C5D354BCF009795EA9BAC1F4886E245 _ 1/www.kantei.go.jp/jp/singi/kaiyou/arcticpolicy/jpn_arcticpolicy/Japans_Arctic_Policy[JPN].pdf, last visited on 22 July, 2018.

② "国立極地研究所 | 研究所案内 | 沿革", available at http://www.nipr.ac.jp/outline/summary/history.html, last visited on 6 August, 2018.

③ available at http://www.nipr.ac.jp/kouhou/PDF/hokyoku2018.pdf, last visited on 22 July, 2018.

加强与北极科研机构以及相关国家的科研合作，在推动日本北极科研能力建设的同时，也不断提升日本在北极治理方面的话语权与影响力，为日本进一步参与北极事务提供了重要的途径。

（二）构建北极利益攸关方的身份，提升在北极事务中的话语权

长期以来，非北极国家的身份是制约日本进一步参与北极事务的一个重要因素。在现行北极治理机制中，北极国家同非北极国家在北极问题上的发言权与影响力存在明显的不同，非北极国家只被视为北极问题的外来者，在涉及北极治理重大问题时不具有表决权。但是在日本看来，仅由北极国家来对涉及北极的问题进行决策，难以有效维护日本的安全与利益。长期以来，日本在北极科考与研究方面积累了雄厚的实力，在国际北极科考中发挥了重要的作用。日本具备成为北极利益攸关方的实力基础。同时，北极地区丰富的航运与能源资源对于日本都具有重要的意义，日本积极谋求在北极事务中发挥更大的作用。因此，日本积极谋求推进其北极政策，改变原有的非北极国家身份，构建新的北极利益攸关方的身份，不断提升在北极事务中的话语权。

2012 年安倍政府上台以来，大力推进日本的北极政策，构建北极利益攸关方的身份。上任伊始，2013 年 3 月，安倍任命西林万寿夫担任日本的北极担当大使，推进日本在北极事务上发挥更大的作用。同时，加入作为北极治理主导机构的北极理事会（AC）是日本构建北极利益攸关方的重要举措。早在 2009 年，日本就向北极理事会提交了申请，希望能够以非北极国家的身份加入北极理事会。经过不断的努力，2013 年 5 月，日本如愿获得了北极理事会的观察员身份。[①] 以此为契机，日本积极参加派遣官员和相关研究专家参加北极理事会的一系列会议和研讨会，增强本国在北极事务中的发言权。

不仅如此，近年来，日本还不断增强与北极国家的交流与战略互动，提升在北极问题上的协作能力。日本的新任北极担当大使还频频出访俄罗斯、挪威等北极国家，阐释日本在北极问题上的观点，争取北极八国对于日本参与北极事务的理解与支持，谋求进一步构建日本的北极利益攸关方身份。[②] 日本在构建本国北极事务利益攸关方身份的过程中，坚持逐步推进的基本策略，

---

① "外交青書 2014|2　地球規模の課題への取組|外務省"，available at https://www.mofa.go.jp/mofaj/gaiko/bluebook/2014/html/chapter3_02_02.html♯s3220501，last visited on 15 July, 2018.

② "外交青書 2017|2　地球規模の課題への取組|外務省"，available at https://www.mofa.go.jp/mofaj/gaiko/bluebook/2017/html/chapter3_02_02.html♯s3220401，last visited on 15 July, 2018.

不谋求改变北极八国在北极问题上的主导地位,而是强调逐步增强日本等北极理事会观察员国家的作用,最大限度地减少北极国家对于日本参与北极事务的抵触。

(三)以非传统安全领域议题为重点,积极参与北极治理

近年来,随着全球变暖的不断持续,北极环境保护等非传统安全领域的问题涌现。北极国家和非北极国家共同携手,推进北极非传统安全治理的不断深入发展具有全局性意义。与传统安全领域的议题相比,非传统安全问题政治性相对较低,对各国的威胁联动性大。以非传统安全领域议题作为切入点,能够争取更广泛的理解与支持。近年来,日本利用自身在科学技术、北极科考等方面的优势,积极参与北极非传统安全治理。2015 年,日本在发布的官方北极政策报告中指出,日本要发挥自身在北极观测与研究方面的优势,推进北极地区气候变化、海洋污染等问题的解决。①

长期以来,日本通过在北极的科学考察活动,对北极的气候变化进行了持续的观察与记录,积累了大量的一手数据。近年来,在文部省 GRENE 研究计划下,由日本国立极地研究所牵头,联合北海道大学等日本国内相关领域的大学研究机构,共同推动北极气候变化的专项研究。其北极气候研究主要涉及北极地区温暖化以及对北极气候变化对日本以及全球的影响等四个领域。②同时,日本国立极地研究所还出版了《急速变化的北极气候体系及其全球影响报告》以及《北极通信》等涉及北极的专业出版物,推进日本对北极气候变化研究的深入。③ 另外,近年来日本积极参与全球层面的环境治理。在此背景下,日本也在应对气候巴黎协定、联合国可持续发展 2030 目标等战略框架下,大力推动日本在北极气候变化上话语权的进一步提升。此外,随着北极航运开发的不断推进,北极地区海洋污染问题也成为北极非传统安全治理的重要组成部分。日本政府积极关注北极的海洋污染问题,谋求在该问题上发挥更大的作用。日本政府指出应该同国际海事组织(IMO)进行深入的沟通,对《国际

---

① "Japans_Arctic_Policy", available at http://10.129.8.39:81/2Q2WE1DD795AC4499503E6B1 EE51D7903C867D0E50BD _ unknown _ B321BDD67C5D354BCF009795EA9BAC1F4886E245 _ 1/ www.kantei.go.jp/jp/singi/kaiyou/arcticpolicy/jpn_arcticpolicy/Japans_Arctic_Policy[JPN].pdf, last visited on 22 July, 2018.

② "グリーン・ネットワーク・オブ・エクセレンス(GRENE)事業|戦略研究目標", available at http://www.nipr.ac.jp/grene/research.html, last visited on 17 July, 2018.

③ "グリーン・ネットワーク・オブ・エクセレンス(GRENE)事業|パンフレット", available at http://www.nipr.ac.jp/grene/pamphlet.html, last visited on 15 July, 2018.

防止船舶造成污染公约》(MARPOL)等相关国际法规进行修正，以更好地应对潜在的北极海洋污染问题。①

(四)加强国际合作，推进北极治理机制的演进

近年来在北极气候变化的影响下，北极地缘政治格局和战略属性都发生了明显的改变。特别是北极气候和环境问题日益突出，已经给全球其他地区带来了连锁反应，但是以北极理事会为代表的原有北极治理机制在处理北极问题时的有效性出现明显不足。解决北极事务发展面临的问题，需要在尊重北极国家和域外国家合法权益的基础上，由国际社会多利益攸关方共同维护北极的和平、稳定与安全。② 因此，需要加强国际合作，推动北极治理机制的演进，不断提升北极治理的有效性。在此背景下，日本明确提出要加强国际合作，积极应对北极的全球性问题，参与构建北极国际规范。③

北极理事会作为北极治理的核心机制，在北极治理中发挥了重要的作用。日本自从2013年正式成为北极理事会观察员国家以来，积极利用北极理事会的平台参与北极治理。近年来，在北极理事会改革的大背景下，日本也希望推进北极理事会的渐进式改革。一方面，因为北极问题所具有的全球联动性，因此，日本希望能够提升北极理事会观察员国家在北极理事会中的作用与影响力。④ 同时，北极理事会在成立之初，更多的是为了加强各国在北极气候变化和环境保护方面的协商与合作，但是，近年来北极安全等新的问题不断出现，需要在北极理事会层面进一步加强北极安全领域的治理能力。因此，日本也积极参与推动北极理事会进行北极地区能源安全等新兴问题领域的探讨与协商。⑤ 与此同时，日本也积极参与国际北极科学委员

① "Japans_Arctic_Policy", available at http://10.129.8.39:81/2Q2WE1DD795AC4499503E6B1EE51D7903C867D0E50BD_unknown_B321BDD67C5D354BCF009795EA9BAC1F4886E245_1/www.kantei.go.jp/jp/singi/kaiyou/arcticpolicy/jpn_arcticpolicy/Japans_Arctic_Policy[JPN].pdf, last visited on 22 July, 2018.

② 孙凯：《机制变迁、多层治理与北极治理的未来》，载《外交评论(外交学院学报)》2017年第3期，第129页。

③ "Japans_Arctic_Policy", available at http://10.129.8.39:81/2Q2WE1DD795AC4499503E6B1EE51D7903C867D0E50BD_unknown_B321BDD67C5D354BCF009795EA9BAC1F4886E245_1/www.kantei.go.jp/jp/singi/kaiyou/arcticpolicy/jpn_arcticpolicy/Japans_Arctic_Policy[JPN].pdf, last visited on 22 July, 2018.

④ "井出北極担当大使の北極フロンティア会合出席|外務省", available at https://www.mofa.go.jp/mofaj/fp/msp/page25_001219.html, last visited on 22 July, 2018.

⑤ "第5回北極サークルの開催(結果)|外務省", available at https://www.mofa.go.jp/mofaj/fp/msp/page23_002280.html, last visited on 13 August, 2018.

会(IASC)等其他的北极治理机制,以丰富北极治理的层次体系。其中,由美俄加等北极三国和中日韩等三国组成的北极太平洋扇区工作组(Pacific Arctic Group),集合了北极国家中实力较强的美俄加三国和作为非北极国家的中日韩三国,在推进北极科学研究、深化北极治理等方面发挥了越来越重要的作用。①

三、日本北极政策发展的未来走向

在北极战略竞争逐步加深的背景下,日本北极政策的推进也面临着一系列的挑战。为进一步推进日本的北极政策,日本将进一步着力于强化国内北极领导体制建设,为日本北极政策的落实与实施提供制度保障。另外,随着北极商业开发和军事化趋势的不断发展,日本将进一步参与北极的商业开发,同时利用与美国的同盟关系,加强日本的安保能力建设。

(一)强化北极政策的领导体制,进一步加强北极政策的实施与推进

长期以来,日本一直十分重视国内北极政策领导体制建设。2007 年,日本制定了新的海洋基本法,其中规定为了集中统一推进海洋政策,在内阁下设置综合海洋本部,同时日本内阁府下设综合海洋事务推进事务局,负责综合海洋本部的日常事务。② 综合海洋本部负责制定日本的海洋基本计划并推进各行政机关对计划的具体实施。自成立以来,内阁综合海洋本部对日本的北极政策出台发挥了极大的作用。2013 年 7 月,日本成立了北极问题各省厅联席会议。联席会议成员单位包括内阁府、外务省、文部省、经济产业省等 10 个部门,涉及北极治理的各个领域。成立后,联席会议先后进行了十余次会议,对日本的北极政策进行了深入探讨。③ 在此基础上,2015 年 10 月,综合海洋本部发布了日本的北极政策官方报告《我国的北极政策》。该《报告》对于日本北极政策出台的背景、意义与主要内容进行了全面的阐释。④ 2018 年 7 月,综合海洋本部发布第三期海洋基本计划,其中设置专门一项,对日本北极政策的推

---

① "井出北極担当大使の北極フロンティア会合出席|外務省",available at https://www.mofa.go.jp/mofaj/fp/msp/page25_001219.html, last visited on 22 July, 2018.

② "海洋基本法",available at http://elaws.e-gov.go.jp/search/elawsSearch/elaws_search/lsg0500/detail?lawId=419AC1000000033&openerCode=1#100, last visited on 13 August, 2018.

③ "outline_japans_ap.pdf", available at http://101.96.10.63/www8.cao.go.jp/ocean/policies/arcticpolicy/pdf/outline_japans_ap.pdf, last visited on 22 July, 2018.

④ "outline_japans_ap.pdf", available at http://101.96.10.63/www8.cao.go.jp/ocean/policies/arcticpolicy/pdf/outline_japans_ap.pdf, last visited on 22 July, 2018.

进进行中长期规划。①

综合海洋本部作为日本海洋政策制定的综合部门，需要负责日本涉及海洋事务的总体战略规划，在具体推进日本北极政策方面作用仍显不足。特别是近年来，随着北极战略格局的快速变化，北极事务涉及的领域不断增加，需要进一步增强在北极事务上的协同能力。目前日本国内涉及北极事务各部门分散在内阁各省厅以及国立极地研究所等科研机构，职能相对分散，在处理北极事务方面难以形成有效的合力。因此，有必要不断强化国内北极事务的领导体制建设，推进北极政策的制定与实施。日本国际问题研究所主编的《北极治理和日本的外交战略》报告中就建议，为了能够提升国内各部门在北极问题上的协同能力，应该在内阁中设置专门的领导机构。② 在 2018 年 5 月的综合海洋政策本部会议上，安倍也专门表示，作为未来潜在的海洋资源开发重点领域，北极的重要性日益提升。因此，需要进一步推动北极等领域的推进力度。③ 未来一段时间，日本将会进一步加强北极事务的国内领导体系建设，提升本国北极政策的制定与实施水平。

（二）进一步推进北极的资源开发，充分发掘北极的商业价值

北极地区蕴含着丰富的航运、能源以及海洋渔业资源。但是长久以来，由于北极地区恶劣的自然条件，开发难度极大。近年来，随着北极气候环境的变化，北极的开发利用成为可能。2014 年 9 月，北极 8 国成立北极经济理事会。北极经济理事会旨在强化北极地区的经济合作，为北极地区可持续发展提供商机。④ 与此同时，在北极商业化的大潮中，日本也积极谋求参与北极商业开发，发掘北极的商业价值。日本的北极政策官方报告——《我国的北极政策》中就明确表示，日本应该进一步探索北极海上航运、资源开发等方面的经济价值。⑤

---

① "plan03.pdf", available at http://10.129.8.8：83/2Q2WAE1E8D68F88F8302CC395A328BD61548 E0578047_ unknown _ 070F63F22FA3E2413305F0D423A10E4EE8530A63 _ 7/www8. cao. go. jp/ ocean/policies/plan/plan03/pdf/plan03.pdf, last visited on 23 August，2018.

② "08-teigen.pdf", available at http://www2.jiia.or.jp/pdf/resarch/H24_Arctic/08-teigen.pdf, last visited on 22 July，2018.

③ "総合海洋政策本部開催状況"，available at http://www.kantei.go.jp/jp/singi/kaiyou/kaisai.html, last visited on 22 July，2018.

④ "北极经济理事会宣告成立"，available at http://world. people. com. cn/n/2014/0904/c1002 - 25606400.html, last visited on 28 July，2018.

⑤ "Japans_ Arctic_ Policy", available at http://10.129.8.39：81/2Q2WE1DD795AC4499503E6B1 EE51D7903C867D0E50BD_ unknown _ B321BDD67C5D354BCF009795EA9BAC1F4886E245 _ 1/ www.kantei.go.jp/jp/singi/kaiyou/arcticpolicy/jpn_arcticpolicy/Japans_Arctic_Policy[JPN].pdf, last visited on 22 July，2018.

北极航运资源近年来吸引了越来越多国家的关注。对于日本而言,基于北极航线的未来发展潜力,日本希望能够不断提升政府和企业在北极航线上的利用水平。① 近年来,日本提出应该基于"法的管辖"原则,在北极领海权划分以及商业航行等方面进行国际合作,维护日本在北极航线商业化利用方面的利益。同时,日本智库笹川和平财团海洋政策研究所也在报告中建议,应该以北海道为中心,加快港口机场等基础设施建设,对接未来北极航线的商业运营。② 此外,北极能源资源也具有极大的商业开发潜力。根据预计,北极海大陆架的未探明资源储量占世界石油储量的13%,占世界天然气储量的30%。③ 这对于能源严重依赖进口的日本来说具有重要的意义。日本常年进行北极科学研究,在北极地质和海洋研究方面积累了大量的数据,这为日本进行北极能源开发提供了重要的条件。近年来,日本积极利用资金优势参与北极地区能源开发。日本独立行政法人石油天然气与金属矿物机构(JOGMEC)向丹麦格陵兰石油开发股份公司进行注资,以参与在格陵兰岛东北海域内进行的石油勘探项目。④ 同时,近年来,观光旅游成为北极商业开发的一个新兴领域。北极地区自然风光特点突出,对游客具有极大的吸引力,所以,也有智库提出日本应该加强产官学的合作,加快北极信息体系建设,推动北极旅游的发展。⑤

(三)充分利用日美同盟的深度拓展,加强日本的北极安保能力建设

近年来,随着全球变暖趋势的愈演愈烈,北极地区的冰川覆盖面积不断缩小,海洋航行条件进一步改善,这为各国的军事活动提供了可能。俄罗斯、美国等北极国家纷纷推进本国的北极安保能力建设,北极再军事化的趋势也日益突出。同时,随着日本在北极利益的不断拓展,加强日本的安保能力建设,

① "Japans_Arctic_Policy", available at http://10.129.8.39：81/2Q2WE1DD795AC4499503E6B1 EE51D7903C867D0E50BD _ unknown _ B321BDD67C5D354BCF009795EA9BAC1F4886E245 _ 1/ www.kantei.go.jp/jp/singi/kaiyou/arcticpolicy/jpn_arcticpolicy/Japans_Arctic_Policy[JPN].pdf, last visited on 22 July, 2018.

② "Policy_Recommendation_Arctic_Governance_Japan.pdf", available at https://www.spf.org/opri-j/docs/Policy_Recommendation_Arctic_Governance_Japan.pdf, last visited on 22 July, 2018.

③ "08-teigen.pdf", available at http://www2.jiia.or.jp/pdf/resarch/H24_Arctic/08-teigen.pdf, last visited on 19 July, 2018.

④ "Japans_Arctic_Policy", available at http://10.129.8.39：81/2Q2WE1DD795AC4499503E6B1 EE51D7903C867D0E50BD _ unknown _ B321BDD67C5D354BCF009795EA9BAC1F4886E245 _ 1/ www.kantei.go.jp/jp/singi/kaiyou/arcticpolicy/jpn_arcticpolicy/Japans_Arctic_Policy[JPN].pdf, last visited on 22 July, 2018.

⑤ "Policy_Recommendation_Arctic_Governance_Japan.pdf", available at https://www.spf.org/opri-j/docs/Policy_Recommendation_Arctic_Governance_Japan.pdf, last visited on 22 July, 2018.

维护本国在北极的战略利益成为日本的现实考量。在日本看来,北极军事安全领域的问题有可能对包含日本周边在内的全球安保环境带来影响,因此,日本需要关注相关国家的动向,同时加强同北极国家之间的合作。① 另外,维护在北极地区的航行自由也是日本北极安保政策的重要考量。北极地区海洋安全涉及海上航行船只以及人员的安全。日本积极强调应该在《联合国海洋法公约》基本法律框架下,维护域外国家的航行自由。同时,在确保航行安全方面,日本还利用在航天技术方面的优势,对北极航线的海冰情况进行观测。② 这都为日本进一步提升北极安保能力建设提供了重要的基础。

另外,在日本的国家安保体系中,日美同盟处于核心地位。近年来,日美同盟关系进一步发展,拓展到全球。2015 年,日美双方发布了新版的《日美防卫合作指针》。新修订的防卫合作指针,一方面,取消了对日美同盟作用区域的限制,致力于打造"全球性""立体化"的同盟。③ 另一方面,自特朗普上台以来,美国高度重视北极的战略价值,先后发布了《北极对美国国家安全意义重大》等数份报告,强调北极对美国的重要意义。④ 但是,由于近年来俄罗斯在北极地区安保能力的不断提升,特朗普政府的北极政策面对极大的挑战,因此,在推进其北极战略,特别是高政治性的军事安全领域战略时,特朗普必然高度依赖日本等传统盟友的力量,增强整体安保能力建设。因此,可以预见日美两国在北极安全领域的合作将进一步推进。在此背景下,未来日本也将利用日美同盟深度推进的契机,进一步加强日本在北极地区的安保能力建设。

四、结语

在北极开发的大潮中,日本也不断推进本国的北极政策,形成了较为系统的战略体系。日本北极政策的推进,既是基于对北极地缘政治格局的战略判断,也有着深层次的国内动因。在安倍政府大力推进日本外交和安保体制转型的战略背景下,日本必将进一步加强在北极航运、能源等问题上的影响力。

---

① "Japans_Arctic_Policy", available at http://10.129.8.39:81/2Q2WE1DD795AC4499503E6B1 EE51D7903C867D0E50BD_unknown_B321BDD67C5D354BCF009795EA9BAC1F4886E245_1/ www.kantei.go.jp/jp/singi/kaiyou/arcticpolicy/jpn_arcticpolicy/Japans_Arctic_Policy[JPN].pdf, last visited on 22 July, 2018.

② "JAXA 海氷を観る衛星が北極海航路の安全を守る",available at http://www.jaxa.jp/projects/ feature/satellite/sagawa_j.html, last visited on 22 July, 2018.

③ 朱海燕:《新版〈日美防卫合作指针〉下日美同盟的质变》,载《国际论坛》2015 年第 6 期,第 15 页。

④ 杨松霖:《特朗普政府的北极政策》,载《国际研究参考》2018 年第 1 期,第 8 页。

长期以来,日本在北极科考等方面有着深厚的积累,这是北极参与北极事务的重要基础,但是,非北极国家的身份也制约着日本在北极事务上发挥更大的作用。因此,日本谋求以环境保护等非传统安全领域为切入点,加强国际合作,构建日本北极利益攸关方的身份,进一步参与北极治理。

近年来,日本北极政策的推进不断加速,在北极事务中的影响力不断增强。未来日本将进一步推进其北极政策。一方面,将顺国内北极事务的领导体制,增强政策制定能力。同时加强在北极的商业化开发和安保能力建设。日本北极政策的推进,对于中国而言,既是机遇也是挑战。机遇在于同样作为非北极国家,双方在推进北极治理体制变革方面具有共同利益,有助于增强非北极国家在北极事务上发挥更大的作用。近年来,中日韩三国在北极事务合作上进行了有益的尝试。中日韩北极事务高级别对话至今已经举行三次,对于加强彼此之间在北极问题上的协作提供了重要的平台。但另一方面,日本北极政策的推进,特别是日本在北极安保能力建设方面的战略推进,对于中国的安全也具有潜在的威胁。因此,我们在加强本国北极政策推进的同时,应该加强对日本北极政策发展动向的关注,加强合作与对话,共同维护北极的和平与稳定。

Japan's Arctic Policy Research: Implementation Motivation, Strategic Planning and Future Trend

LIANG Huaixin

Abstract: With the continuous changes of the Arctic strategic environment in recent years, many countries have promoted their Arctic policies. Against this background, Japan has also vigorously promoted the formulation and implementation of its Arctic policy. This is not only based on the realistic consideration of safeguarding Japan's Arctic interests, but also has the deep motivation of Japan's overall foreign security policy adjustment. In recent years, Japan has continuously pushed forward its Arctic policy by means of non-traditional security issues, building an Arctic stakeholder identity and strengthening international cooperation, thus forming a systematic strategic framework on the Arctic issue. In the future, Japan's strategic momentum of vigorously pushing forward the Arctic policy will continue to grow，and it will focus on promoting commercial development and security capacity-building in the Arctic.

Key Words：Japan；Arctic Policy；Arctic Governance；Positive Pacifism

【参考文献】

［1］　王竞超：《日本北极航道开发战略研究：战略动机、决策机制与推进模式》，载《世界经济与政治论坛》2017 年第 3 期。

［2］　肖洋：《中俄共建"北极能源走廊"：战略支点与推进理路》，载《东北亚论坛》2016 年第 5 期。

［3］　国家海洋局极地专项办公室编：《北极海域海洋地质考察》，海洋出版社 2016 年版。

［4］　唐尧：《北极核污染治理的国际法分析与思考》，载《中国海洋大学学报》（社会科学版）2015 年第 1 期。

［5］　厉以宁等编著：《时论中国：为中国留下深度思想印记－03》，中国工人出版社 2014 年版。

［6］　"北極圏のエネルギー資源と我が国の役割"，available at http：//www2.jiia.or.jp/pdf/resarch/H24_Arctic/02-motomura.pdf, last visited on 26 July，2018.

［7］　"第 5 次エネルギー基本計画（平成 30 年 7 月）"，available at http：//www.enecho.meti.go.jp/category/others/basic_plan/pdf/180703.pdf, last visited on 26 July，2018.

［8］　邹磊磊、黄硕琳：《试论北冰洋公海渔业管理中北极 5 国的"领导者"地位》，载《中国海洋大学学报》（社会科学版）2016 年第 3 期。

［9］　孙凯：《机制变迁、多层治理与北极治理的未来》，载《外交评论（外交学院学报）》2017 年第 3 期。

［10］　"Japans_Arctic_Policy"，available at http：//10.129.8.39：81/2Q2WE1DD795AC4499503E6B1EE51D7903C867D0E50BD_unknown_B321BDD67C5D354BCF009795EA9BAC1F4886E245_1/www.kantei.go.jp/jp/singi/kaiyou/arcticpolicy/jpn_arcticpolicy/Japans_Arctic_Policy［JPN］.pdf, last visited on 22 July，2018.

［11］　"Policy_Recommendation_Arctic_Governance_Japan.pdf"，available at https：//www.spf.org/opri-j/docs/Policy_Recommendation_Arctic_Governance_Japan.pdf, last visited on 22 July，2018.

［12］　"JAXA 海氷を観る衛星が北極海航路の安全を守る"，available at http：//www.jaxa.jp/projects/feature/satellite/sagawa_j.html, last visited on 22 July，2018.

［13］　朱海燕：《新版〈日美防卫合作指针〉下日美同盟的质变》，载《国际论坛》2015 年第 6 期。

［14］　杨松霖：《特朗普政府的北极政策》，载《国际研究参考》2018 年第 1 期。

美印海上安全合作研究：
历史演变与未来走向

邢　戎[*]

摘　要：作为世界上最大的发达国家和中国周边发展最快的国家，美印关系是影响中国周边安全的重要因素。美印海洋合作因其与中国整体战略方向、海洋核心利益、周边军备态势的紧密关联性而显得尤为重要。理清印美海上安全合作的来龙去脉有助于从历史过程中发现趋势，从动因透析中发现分歧，对新趋势进行合理分析，对新变化加以有效应对。

关键词：美印关系；海洋安全；印度洋；印太战略

随着印太战略的发展，印度洋地缘政治图景发生实质性转变，中美印海上合作关系将呈现日益复杂的聚合与排斥、合作与对抗的战略态势。从冷战时期的隐性对抗到 21 世纪初期建立"新型伙伴关系"；从 2003 年"战略伙伴关系"到 2005 年的"全球战略伙伴关系"，印美关系发生了结构性变化。美国前驻印大使布拉克维尔认为："防务合作是美印关系转变中一个富有活力、成绩显著并不断扩展的方面。"[①]而海上安全则是近年来在美印防务关系中进展最

---

* 　邢戎，国防大学政治学院国际政治专业硕士研究生，研究方向：中国周边安全战略与对外关系。邮箱：rosiexr@foxmail.com。

① 　Robert D. Blackwill, The Future of US-India Relations, available at http://www.rand.org/commentary/2009/05/06/FT.html, last visited on 23 Dec., 2018.

显著,前景最广阔的领域之一,其未来走向具有深刻的战略导向性、高度的对华相关性和强烈的不确定性。

一、美印海上安全合作的发展演变

美印海上安全萌芽于冷战时期,以 2000 年的《印美关系：21 世纪展望》、2005 年的《美印防务关系框架》和 2015 年新版的《美印防务合作框架协议》为界,美印海上安全合作经历了"有限合作""加速合作""平稳务实合作""深化合作"四个阶段。

(一)从冷战到 21 世纪："有限合作"阶段

由于战略目标的相互冲突以及对外政策取向的显著差异,印美关系虽时有缓和,但总体呈现疏离甚至隐性对抗的状态,对海洋安全各行其是。1963 年,美国海军第七舰队开往印度洋海域参加中部条约组织(Central Treaty Organization)演习时,印度并未表示反对。① 直到 1966 年,印度才首次反对美国在印度洋的迪戈加西亚群岛设立海军基地,反对美国及其他域外国家在印度洋地区的军事存在。② 冷战期间,美国对印巴两国奉行的均势政策反而加剧了印巴双方对美的信任赤字,美国南亚政策陷入印巴两难。1971 年爆发的第三次印巴战争中,为防止印度对西巴的军事攻击,美国总统派航母进入孟加拉湾,印度对这种威慑行为反应强烈。③ 这一时期,美印海上合作仅作为历史事件和重大转变的陪衬出现。

冷战结束给国际格局打开了崭新图景,也给美印关系带来全新机遇。1991 年 4 月,时任美军太平洋司令部司令基科莱特访问印度,提出著名的"基科莱特建议"(Kicklighter Proposals),提出通过军队互访、联合军演、人员培训等方式扩展防务合作,在此倡议下,建立了执行领导小组(Executive Steering Groups,简称 ESGs)。④ 1991 年 10 月,美国太平洋舰队总司令查尔斯·劳森访印时表示："让我们忘记过去犯下的错误,维沙卡帕特南港口并不是像我们过去想象的那样,以为是苏联的海军基地。"⑤在共同意愿的催化下,冷战后印

---

① Sudesh Rani, Indo-US Maritime Cooperation：Challenges and Prospects, Maritime Affairs, No.2, 2012, pp.123 - 143.
② 张春燕：《美印海上安全合作研究》,四川大学出版社 2014 年版,第 63 页。
③ 孙现朴：《美印海洋合作的新发展及前景》,载《太平洋学报》2018 年第 8 期,第 26—36 页。
④ Sudesh Rani, Indo-US Maritime Cooperation：Challenges and Prospects, Maritime Affairs, No.2, 2012, pp.123 - 143.
⑤ Sudesh Rani, Indo-US Maritime Cooperation：Challenges and Prospects, Maritime Affairs, No.2, 2012, pp.123 - 143.

美防务合作显著升温。1991 年,美印组建了海军联合指导委员会,负责两国的海军合作事宜。1992 年 1 月,在新德里举行的双边高层对话中,美印表示将建立长期部队间("forces-to-forces"-level relationship)关系,这是未来海军合作的重要基石。① 1992 年 5 月,印美海军开展了首次联合军演,并尝试达成多项海洋协议,联合防务政策小组、联合科技小组和联合管理委员会相继成立,来加强合作并协调争议,②"马拉巴尔"系列军演也拉开帷幕。此后,系列军演成为年度例行演习,直到 1998 年印度核试验美国宣布制裁印度,才中断了"马拉巴尔"系列军演。这一时期,美印进行海上有限合作,有了真正意义上的早期合作和长期联合演习机制。但双方的形式多于实质,且时有中断。明目众多的合作机制涉及海上安全的较少且发挥作用有限,正如美国国防部长澄清的那样,合作协议并未包括任何形式的技术转让。③

(二) 2000—2005 年:"加速合作"阶段

进入 21 世纪以来,尤其是"9·11"事件后,维护地区安全的共同目标促使美印海洋安全合作进入全面提升阶段。2000 年 3 月,克林顿历史性访问印度,两国签署《印美关系:21 世纪展望》联合声明,两国关系被定义为"新型伙伴关系",双边关系发生了结构性变化。"9·11"事件后严峻的反恐形势促使双边关系走上新台阶。2003 年,印美"新型伙伴关系"迅速升级为"战略伙伴关系"。2005 年,印美关系上升为"全球战略伙伴关系"。双边关系连续"升级"和战略利益的趋同带动海上安全合作持续繁荣。

2001 年 5 月,美国副国务卿阿米蒂奇与印度官员探讨安全合作问题,在印度洋遏制海盗活动、打击全球恐怖主义,以及拓展军事交流。④ 这是两国首次在部长级层面探讨海上议题。2002 年,美印举行了"海军指导小组"会议,印美海军高级将领在会上统一恢复自 1998 年开始中断的"马拉巴尔"军演,并深入探讨海上非传统安全威胁问题。同年,印度国防部部长和美国参谋长联席会议席开始互访,双方签署了《军事信息安全总体协定》,将军事领域作为美印新

① Sudesh Rani, Indo-US Maritime Cooperation: Challenges and Prospects, Maritime Affairs, No.2, 2012, pp.123 - 143.

② Sudesh Rani, Indo-US Maritime Cooperation: Challenges and Prospects, Maritime Affairs, No.2, 2012, pp.123 - 143.

③ Ashok Sharma, Strategic Convergence: An Overview of Defence and Military Cooperation, available at www.claws.in/downloac. php? action2, %202008.pdf, last visited on 23 Dec., 2018.

④ Sumit Ganguly, U.S.-South Asian relations: a future unlike the Past, available at http://www.ceri-sciences-po.org/archive/jan03/artsg.pdf, last visited on 23 Dec., 2018.

型战略关系的突破点，美还向印出售了总值 146 亿美元的雷达系统。2004 年，美国首度为印度海军安装了"联合战区信息交换系统"，意在培养两国海军协同作战能力，实现战术情报共享。

这一时期，美国重点关注反恐领域，加之印度洋在全球石油贸易航线和打击海盗、跨国恐怖主义等非传统安全领域地位突出，利益的交汇助推美印海洋合作进入短期加速度环节。在"突飞猛进"的双边关系全面升级背景下，美印实现了多个"首次"突破，对话机制、联合演习机制、地区安全机制都已基本形成，为后续发展奠定了基石。

（三）2005—2015 年："平稳务实合作"阶段

2005 年，《美印防务关系框架》（十年）出台，基于这一重要制度框架，美印双边海上合作作为重点领域持续平稳推进，并趋于常态化和制度化。2006 年 3 月，两国《海上安全框架协议》签订，双方同意通过国际海洋组织（IMO）和相关联合国项目，共同应对海上威胁，确保贸易航道畅通。其中，关键合作领域有共同打击武装抢劫、贩毒、海盗等跨国犯罪行为和联合搜救演习，此外，还包括情报交换以及海上污染防治方面的技术支持。[①] 2007 年，美国海军公布的《新海上安全战略》明确强调美国海军将关注西太平洋、阿拉伯海和印度洋地区的重要利益，首次将印度洋地区列为美国的重要海上战略目标，并强调要加强与地区盟友的合作。

在一系列制度框架和战略政策指导下，美印军政高层互访也进一步加强。2007 年 7 月，美国尼米兹号核动力航母访问印度钦奈港，成为美印关系升温，美印海军合作持续强化的又一标志性事件。2008 年，在签署了具有里程碑意义的民用核合作协议后，美印商业和战略伙伴关系不断深化。2010 年，美国防部部长盖茨访印，期间与印度国防部部长安东尼会谈，并表示希望印度与美国签署基础性协议，[②]以扩大美印军事合作，这无疑是发出了一张盟友邀约。2011 年，美国海军洛杉矶级攻击潜艇"拉霍亚"号访问印度果阿，这是美军核动力潜艇为数不多的访印活动之一，进一步密切了两国的海上军事交流。

在军售领域，2007 年印度采购原美国海军"特伦顿"号（USS Trenton）两

---

① Indo-U.S. Framework for Maritime Security Cooperation, available at https://mea.gov.in/bilateral-documents.htm? dtl/6030/IndoUS + Framework + for + Maritime + Security + Cooperation, last visited on 27 Mar., 2019.

② 美国与军事同盟国之间通常会签署三个基础性防务合作文件，即共享军事设施的"后勤安全协议"、共享地理空间情报的"基本交流与合作协议"、联通军事通信系统的"通信与信息安全协议"。

栖登陆舰,这是美国首次向印度出售舰艇。同年 9 月,该舰更名为"贾拉什瓦"(INS Jalashwa)号列装印度海军,成为印度海军最大的两栖登陆舰艇,能担负特殊行动、海上搜救、医疗援助、人道主义救援等任务,印度远洋海军两栖作战能力也由此大幅提升。2008 年,美国向印度出售了价值高达 20 亿美元的 6 架新型 C - 130J 运输机,打破了过去双边军贸金额的记录。2009 年,奥巴马批准美国波音公司出售 8 架 P - 8I 海上反潜巡逻机,价值 21 亿美元,是迄今为止金额最高的军火贸易。该型战机具有海上侦察和反潜作战能力,①这将大大延伸印度海军的经略范围,并使得美印海军对战略态势的感知时效保持一致。至 2014 年,美国取代俄罗斯,成为印度武器进口第一大贸易伙伴国,占其军火贸易进口总量的 40% 左右。②

在反恐维和、联合搜救等非战争军事行动中印美展开了有效合作。2005 年 7 月,印美签订"救灾倡议"框架协议,两国海军在印度洋开展人道主义救援和减灾合作。2006 年,索马里海盗在好望角海域劫持了印度船只,美国海军营救了印度人员,印度向卡特里娜飓风受灾区域空运物资并对美国红十字会捐款。从 2008 年开始,印美两军通过舰上直接通讯和"共享感知和消除冲突"(SHADE)月度会议在亚丁湾展开联合反海盗行动。2010 年,印美签订《反恐合作倡议》,承诺加强海军和海军警卫队的交流与合作,以共同应对海盗和海上恐怖主义等安全威胁。

根据协议,美印两国海军每年进行四次例行演习,分别是:"马拉巴尔"(MALABAR)演习、"喷毒眼镜蛇"(SPITTING COBRA)演习、"响尾蛇"(HABUNAG)演习和"潜水和救援"(SALVEX)演习。其中,"马拉巴尔"军演是两军规模最大、级别最高、延续时间最长的联合演习,且演习层次逐步提升,演习协同程度逐步提高。非盟国间展开已长达 26 年的联合演习,这在国际关系史上是极为罕见的。2005 年,美国首次派出核动力航母参演。从 2007 年开始,演习地点由过去的阿拉伯海沿线开始向东进入孟加拉湾,走出印度洋,走进了西太平洋海域,且首次加入了日本,以多边形式开展联演联训。从 1992 年开始进行的以海上救援、联合反恐等初级演练科目,发展到反潜演习这样的

---

① Sudesh Rani, Indo-US Maritime Cooperation: Challenges and Prospects, *Maritime Affairs*, No.2, 2012, pp.123 - 143.

② Manu Pubby, It's Official: US Overtakes All to Become India's Largest Defence Supplier, available at https://defence. pk/pdf/threads/its-official-us-overtakes-all-to-become-indias-largest-defence-supplier.328772/, last visited on 27 Mar., 2019.

敏感科目,进而提升到海上封锁演习;从试探性地军事接触发展为共同联合作战演练,可以说,马拉巴尔是美印海上安全合作的一个缩影,映照着从最初的探索阶段逐渐走向成熟的发展过程。

(四) 2015 年至今:"深化合作"阶段

这一阶段基本立足先期制定的制度框架,但趋于成熟化和深化。2015 年 6 月,美印国防部长签署新的《美印防务合作框架协议》,将目前两国防务合作中的"买卖关系"发展为"联合研制关系",在此指导下,美印海上安全合作更趋深入。

2015 年 1 月,奥巴马访问印度,两国共同发表《美印在亚太及印度洋地区的联合战略愿景》。在"印太"地区共享利益成为双方共识,同时明确了"海洋安全以及确保该地区航海自由和飞行自由的重要性"。[①] 这对双边海上合作范围的扩展作了官方确认,也是两国首次公开就南海问题协调立场。2016 年开始,美印政府外交及防务高级别官员每年召开例行海洋安全对话,已形成对话机制,主要就印太地区的海洋合作发展等议题交流看法。对话的首次会议,2016 年美印开始积极尝试探索海洋对话框架下双边和多边层面上海洋合作的界限,合作多边化的趋势更加明显。2016 年 8 月,美印签署《后勤交换协议备忘录》,美印两国军队在举行联合军演等活动期间可以以"记账"方式互用军事基地进行物资补给,这是扩大双边海上合作互信的重要一步。2017 年 10 月,美国国务卿蒂勒森发表了《美印百年合作关系》,文件中提到美国已向印度提交了一份防卫武器买卖清单,包括保卫者无人机(Guardian UAV)、F16 和 F18 战斗机,以及航空母舰技术转让等。[②] 2018 年 9 月 6 日,首次美印外交与防务"2+2"会谈于印度举行,签署的《通信兼容与安全协议》将使印度可以购买美国一些敏感的军事装备,并促进两国军队装备间的兼容性。敏感技术转让、互用军事基地等新政策使得两国关系不断逼近盟友。

在"2015 马拉巴尔"军演中,早前只是作为特邀观察国参加的日本将作为永久成员国参演,这标志着"马拉巴尔"演习已形成制度化、常态化的大型多边海上联合演习。"马拉巴尔 2016"联合军演在南海局势日益紧张的背景下移师

---

① Government of India,US-India Joint Strategic Vision for the Asia-Pacific and Indian Ocean Region, available at https://obamawhitehouse. archives. gov/the-press-office/2015/01/25/us-india-joint-strategic-vision-asia-pacific-and-indian-ocean-region, last visited on 27 Mar, 2019.

② U.S. Department of State, Remarks on "Defining Our Relationship With India for the Next Century", available at https://www. state. gov/secretary/20172018tillerson/remarks/2017/10/274913.htm, last visited on 27 Mar., 2019.

西太平洋的举动耐人寻味。2017 年演习规模则为历年之最,参演三国都部署了其最大的战舰,三国航母首次齐聚孟加拉湾。美军太平洋司令部司令哈里斯曾表示:"'马拉巴尔'演习能够帮助美印两国磨炼监测中方在印度洋活动的能力","尤其是在该地区活动的中国潜艇"。[①] 而 2018 年演习地点又一次西移,选择在关岛—菲律宾海一带,这意味着在印太战略部署下,美印海上合作的多边特性和对华针对性显露无遗。

二、美印海上安全合作动因探析

总体来看,美印海上安全合作呈现出不断加强的态势,从根本上看是双方战略利益的趋同促进了双边合作,但不同时期具有不同的战略催化和侧重导向。

(一)维护海洋秩序、服务全球战略是早期合作动因

美国的印度洋政策始终服务于其全球大战略。一方面,制海权一贯是美国全球战略重点。虽然美国长期以来"重巴轻印"的南亚政策在一定程度上把印度推向了苏联,但美国要维持印度洋霸权,尤其是控制住重点海峡、贸易通道、海洋资源绕不开与区域内的最大国家印度开展合作。印度洋地位的重要性和印度在这一区域的独特优势决定了美印合作的必然性。另一方面,南亚是冷战时期美苏争霸的重点之一。意识形态、文化教育等观念上的接近,使得美国甚至希望将印度建设成为"民主橱窗"来抵御共产主义在亚洲的影响。而印度也不希望与苏联结成实质性的盟友关系,而希望保持独立自主。可见印美合作的种子已经萌芽,加强合作是必然趋势。

(二)非传统安全威胁带来的印度洋治理难题是 21 世纪初期的合作动因

印度洋是全球重要的航道密集区域,但海盗活动、海上自然灾害、跨国恐怖主义等海上非传统安全问题对印度洋航道安全构成严重威胁,尤其是波斯湾—阿拉伯海石油通道和亚丁湾、索马里海域等处。印度洋地区日益紧张的非传统安全态势,尤其是严峻的反恐形势使得南亚在美国全球部署中地位提升。参与国际治理、维护地区安全是美印两国共同需要,加强合作是必然趋势。

---

① Ankit Panda, US and India Sharing Information on Chinese Submarines, available at http://thediplomat. com/2017/01/us-india-sharing-information-on-chinesesubmarines-heres-why-that-matters/, last visited on 23 Dec., 2018.

（三）美国权势困境与印度实力崛起是 21 世纪较长时期的合作动因

2008 年的金融危机由美国席卷全球，美国等西方资本主义国家经济持续低迷，与之对比的是中国、印度等发展中国家发展势头强劲。美国感到更大的威胁来自新兴大国，尤其是在亚洲的发展势头最猛的中印两国。与"接触加遏制"的对华政策相比，具有地缘优势和共同价值观念的印度，一方面，被美国视为牵制中国的重要战略伙伴；另一方面，印度在打击海盗、反恐等方面缓解了美国的压力和成本。奥巴马和莫迪政府在"亚太再平衡"战略与"东向行动政策"具有战略契合点。这与印度的大国追求不谋而合，印度想在印度洋上扮演的是"净安全提供者"角色，要做"全球领导大国"而"不只是一支制衡力量"就是印度的目标定位。[①] 在防务安全领域始终制约印度发展的一个重要因素就是自主建设国防工业体系的能力薄弱。2014 年莫迪提出"印度制造"计划，决心清除国防工业等重要行业领域的贸易制度壁垒。2016 年 6 月莫迪访美，奥巴马表示将支持"印度制造"计划，在"防务技术和贸易倡议"下扩大合作制造和技术的共同研发。[②] 印度通过合作强化了国防军事能力，迎来更利于崛起的国际环境。两国实力消长和各自战略目标的趋同给两国加深安全合作奠定了基础。

（四）印太战略和共同应对中国的需要是当前合作的动因

2017 年 11 月，美国总统特朗普在亚洲之行中正式提出"开放和自由的印太"概念，美日印澳四国西太平洋海上合作机制磋商启动。"这里有世界上 10 个最强军事力量中的 7 个、世界上规模最大和装备最精良的海军，以及 5 个宣称拥有核武器的国家。"[③]而在"印太"地缘战略概念构建中，中国是"房间里的大象"。中国的"一带一路倡议"、吉布提后勤保障基地和南海建设等问题被一些海外媒体解读为军事扩张、单方面试图改变现有国际秩序等，与印度洋周边国家加强港口合作被视为经营"珍珠链"战略，正是对中国威胁的建构塑造了"印太"从地理概念到地缘政治、经济、战略概念的全过程。美印认定彼此为世

---

① PM Narendra Modi's First Message: Together We will Script a Glorious Future for India, available at http://zeenews. india. com/news/nation/ pm-narendra-modis-first-message-together-we-will-script-a-glorious-future-for-india_934917.html, last visited on 23 Dec., 2018.

② 慕小明："美印强化防务合作的进展与影响"，来源于 http://www.qstheory.cn/international/2016-11/03/c_1119842472.htm,最后访问日期：2018 年 12 月 23 日。

③ Samuel J. Locklear, Speech of the Commander of US Pacific Command Admiral Samuel J. Locklear, available at https://www. pacom. mil/Media/Speeches-Testimony/Article/581146/pacom-before-the-house-appropriations-committee-remarks/, last visited on 27 Mar., 2019.

界上最大的和最古老的民主国家,拥有共同的多元文化、自由和法制等价值观。加之中印素来存在边界问题等涉及核心利益的争议,美国想通过海上安全合作达到"联印制华"的目的。将中国设定为威胁的地缘政治想象使得共同应对中国成为美印海上安全合作的"潜台词"。

三、美印海上安全合作未来趋势

在印太战略影响推动下,美印海上安全合作将更多依托多边舞台,日益拓展合作范围,并将显露出更多的合作软肋、利益分歧和信任赤字。

(一)配合印太战略,依托多边机制

曾任印度驻华大使的潘尼迦的话半个世纪以来一直影响着印度的政策制定,他说:"印度的安危系于印度洋,……印度的前途如何,与同它会逐渐发展和强大到何种程度的海权国有密切联系的。"①从印度的政治现实中看,虽然作为印度洋沿岸第一大国,但印度洋如此广阔,注定无法成为"印度之洋"。如果必须接受大国在印度洋上"角逐争夺的现实",它必须尽力避免产生一个大国独霸海洋的局面,而宁愿让多个大国进入角逐圈,彼此牵制而使印度维持核心战略地位,拥有更多的战略选择和帷幄筹码,得到"骑墙"的好处,印太战略和"美日印澳"四国机制在一定程度上符合印度的战略构想。而将印度作为"南亚支点",服务其重心西移的印太战略布局则是美国的核心意图。2018 年1 月,四国在印度举行瑞辛纳军事对话会,是四国进一步加强合作的先声。目前,这一机制的实质性作用尚未完全发挥,未来以四国机制为牵引的多边安全合作将是发展趋势。

(二)拓展合作区域,南海成为焦点

从辛格政府到莫迪政府,印美南海战略互动由相对有限向频繁互动转变,合作不断加深。2015 年发表的《美印亚太和印度洋地区联合战略愿景》中写道:"美印两国重申维护海洋安全、海上航行自由和飞行自由的重要性,特别是在南海地区。"②这是两国首度染指南海问题。美国军舰和侦察机素来以航行自由名义抵近南海,近年来,印度在东向政策指导下积极与越南在南海争议海

---

① ［印］潘尼迦:《印度和印度洋—略论海权对印度历史的影响》,德隆、望蜀译,世界知识出版社 1964 年版,第 10 页。

② Government of India, US-India Joint Strategic Vision for the Asia-Pacific and Indian Ocean Region, available at https://obamawhitehouse. archives. gov/the-press-office/2015/01/25/us-india-joint-strategic-vision-asia-pacific-and-indian-ocean-region, last visited on 27 Mar., 2019.

域联合开发油气资源，美印"马拉巴尔军演"更是积极在南海周边地区保持军事存在。2018年1月18日，美日印澳四国的现役海军高官在新德里举办瑞辛纳对话会，讨论"亚洲和西方的民主国家如何联合起来确保自由主义的国际秩序——亦即自由航行能够得以贯彻"。未来，美印对南海的战略介入仍有显著的加强势头。

（三）迫近合作阈值，合作瓶颈已现

美印在海上紧锣密鼓的合作难掩分歧。印度素来秉持"独立、平衡、务实"的不结盟政治传统，加上巨大的人口体量和经济发展潜力、自称优越的民主制度、强烈的民族自豪感和"有声有色的大国"追求，印度并不希望被锁定在正式和不可逆转的军事同盟中而失去自主性。同时，印度也不希望引起与俄罗斯和中国等国的紧张。目前，俄罗斯仍然是印度重要的武器进口国。作为亚洲两个新兴发展中大国，中印之间巨大的合作潜力也不容忽视。美国对巴基斯坦的军售以及对印度尖端技术领域的限制招致印度的不信任，而印度购入俄罗斯S-400防空系统同样也招致美国的强烈不满。

阈值，即临界值，界定了双边合作的边界范围。2017年12月发布的《美国国家安全报告》中将印度作为"主要防务伙伴"，实际上是一个独特的地位，赋予了印度像北约盟友类似的亲密关系，却不直呼"盟友"。外长加防长"2+2"对话会、共享加密过的军事通信信息、互用军事基地和2019年举行的三军联合演习，都是美国盟国级别的特殊关系。虽然从结果上看，印度素有不结盟政治传统、美印也存在根本战略分歧，正式结盟的可能性几乎为零。但冷战时期印度曾与苏联达成事实同盟关系，可见印度的"战略自主"具有一定包容性，并不排斥特定情状下的事实结盟状态。虽然目前学术界对美印没有结盟可能已经达成共识。但"准军事盟友"关系如何界定？合作阈值将在何时到来？到达阈值后的印美防务关系又将走向何方？在三项基础性协议中尚未签署的《地理空间合作基本交流协议》尘埃落定后，美印就完成了这一轮防务关系升级。有理由认为，美印安全领域合作在深度上很可能达到峰值，而将向多维结构扩展而不是双边合作的加深。随着国际形势的变化，美印双方战略利益的变化，甚至一些外部突发变因的影响，美印关系可能面临不确定性，甚至逆向发展的可能。

四、美印海上安全合作对华影响

美国和印度作为世界上最大的发达国家和中国周边发展最快的国家，其

海上安全合作关系与中国周边安全密切相关。从表面上看,美印加强防务合作影响了中国能源战略通道和贸易航线安全;而从实质上看,美印海上安全将从印度洋和太平洋东西双向挤压中国的战略空间。

(一)影响中国战略通道安全

2017 年中国成为全球最大原油进口国,2018 年中国超越日本成为全球最大天然气进口国,首次同时成为油气最大进口国。从未来趋势看,中国能源对外依存度仍将持续提高,[①]能源安全的重要性凸显到了前所未有的高度。印度洋是攸关中国经济快速发展的生命线,是中国的"能源通道"和"贸易走廊"。从海上安全来说,印度洋的波斯湾、阿拉伯海航道和西印度洋航道是中国石油等战略资源进口与对外贸易的海上要道,涉及大量进出口贸易等海外利益,重要海上行动,如资源开发、维和救灾、反恐护航等也都与印度洋密切相关。除了日趋机制化的美印联合军演、人员往来和后勤互助外,美印两国在印度洋针对中方的情报合作也在不断扩展。[②] 美印在这一地区的高调军事存在影响了中国海上生命线安全和合法海洋权益,必然会加剧中国周边地区的紧张。此外,美印紧密的军事合作使得南亚、印度洋地区军备竞赛加剧,会连带地区其他国家,如巴基斯坦忧虑不安的负面影响,给地区和平带来不稳定因素,对中国所谓"珍珠链"战略的指责和对中国海军正常维和护航、远海训练的有意渲染实际上也是对周边国家的无形施压,一方面会增加相关国家与中国合作的顾虑;另一方面,也会助长其"骑墙"心态,这也会间接影响中国与"一带一路"周边国家开展友好合作与港口使用,影响中国海外战略利益的保护。

(二)东西双向挤压中国战略空间

随着"21 世纪海上丝绸之路"倡议和中国在印度洋利益的拓展,南亚地缘环境的一个重大变化就是中印两个陆上邻国,前所未有地在海上相遇了。这种陆海双重相遇意味着中印关系变得更加复杂敏感,美印高调宣示海上安全合作实际上也增加了中国西部陆地边界的安全压力。2018 年 12 月发布的《美国国家安全战略》中明确将中国列为主要战略竞争对手。从"亚太战略"到"印太战略",美国战略重点转变的醉翁之意在于将围堵中国的棋局向西拓展,将以印度为核心的南亚地区,尤其是印度洋的海上通道纳入战略竞争的轨道。

---

① "《2018 年国内外油气行业发展报告》发布",来源于 http://news.cnpc.com.cn/system/2019/01/18/001717430.shtml,最后访问日期:2019 年 4 月 2 日。

② 胡二杰:《美国与印度海上安全合作及其对华影响》,载《国际研究参考》2017 年第 8 期,第 44—48 页。

超越了过去单纯从太平洋方向进行岛链环锁，而从太平洋和印度洋两个方向对中国进行围堵或挤压的战略布局具有更深的地缘政治意图。美印形成准海权同盟的倾向对中国海上通道形成自西向东的全面掣肘，这与中国"一带一路"倡议的自东向西形成对冲态势，不断挤压中国的战略空间。而在双向挤压的战略过程中，处于中心位置的是东盟和中国南海。特朗普上台以来，美舰多次闯入中国领海，美国对中国南海主权的挑战更加大胆冒进，印度与越南仍在南海争议海域联合开采油气，对中国核心利益构成严重危害。

五、结语

正是国家利益的地缘互动塑造了印美双方应对内外环境变化时的安全威胁建构，同时，这种建构威胁的观念所具有的自我强化特性又并加剧了这种地缘态势。然而，这种威胁是人为建构的，不是天然生成的。印度洋是开放的，不是割据的。战略空间是可以融合的，不是必然相撞的。如果说中国是印度洋的安全威胁，不如说真正对印度洋地区安全态势形成巨大压力的是作为区域外介入力量的美国，美国占据迪戈加西亚岛的现实以及未来美印两国对印度洋控制权争夺的潜在冲突是对地区安全造成威胁的源泉。当我们审视美印安全合作，应当看到这一点：印度洋上不存在"纯净"的美印关系，只有中美印三角关系才符合印度洋大国博弈的现实叙事。世界是变化着的，大国关系更是处于动态互动之中，除了共同利益的驱动，也受观念建构的影响。未来的印美海上安全合作要走向军事结盟，仍然有很长的路要走。

Research on Maritime Security Cooperation between the United States and India: History, Trend and Influence

XING Rong

Abstract: As the world's largest developed country and China's fastest growing countries respectively, U.S.-India relations are an important factor affecting security around China. U. S.-India maritime cooperation is particularly important because of its close relationship with China's overall strategic direction, ocean core interests, and the surrounding arms posture. The context of the maritime security cooperation between India and the

United States is helpful to find the trend from the historical process, to find out the disputes from the cooperation, to make a reasonable analysis of the new trends, and to deal with the new changes effectively.

Key Words: U.S.-India Relations; Marine Security; Indian Ocean; Indo-Pacific Strategy

【参考文献】

［1］ Robert D. Blackwill, The Future of US-India Relations, available at http://www.rand.org/commentary/2009/05/06/FT.html, last visited 23 Dec., 2018.

［2］ Sudesh Rani, Indo-US Maritime Cooperation: Challenges and Prospects, *Maritime Affairs*, No.2, 2012.

［3］ 张春燕:《美印海上安全合作研究》,四川大学出版社 2014 年版。

［4］ 孙现朴:《美印海洋合作的新发展及前景》,载《太平洋学报》2018 年第 8 期。

［5］ Ashok Sharma, Strategic Convergence: An Overview of Defence and Military Cooperation, available at www.claws.in/downloac. php? action2, ‰202008.pdf, last visited on 23 Dec., 2018.

［6］ Sumit Ganguly, U.S. -South Asian relations: a future unlike the Past, available at http://www.ceri-sciences- po. org/archive/jan03/artsg.pdf, last visited on 23 Dec., 2018.

［7］ Indo-U.S. Framework for Maritime Security Cooperation, available at https://mea.gov. in/bilateral-documents. htm? dtl/6030/IndoUS＋Framework＋for＋Maritime＋Security＋Cooperation, last visited on 27 Mar., 2019.

［8］ Manu Pubby, It's Official: US Overtakes All to Become India's Largest Defence Supplier, available at https://defence. pk/pdf/threads/its-official-us-overtakes-all-to-become-indias-largest-defence-supplier.328772/, last visited on 27 Mar., 2019.

［9］ Government of India. US-India Joint Strategic Vision for the Asia-Pacific and Indian Ocean Region, available at https://obamawhitehouse. archives. gov/the-press-office/2015/01/25/us-india-joint-strategic-vision-asia-pacific-and-indian-ocean-region, last visited on 27 Mar., 2019.

［10］ U.S. Department of State,Remarks on "Defining Our Relationship With India for the Next Century", available at https://www. state. gov/secretary/20172018tillerson/remarks/2017/10/274913.htm, last visited on 27 Mar., 2019.

［11］ Ankit Panda,US and India Sharing Information on Chinese Submarines, available at http://thediplomat. com/2017/01/us-india-sharing-information-on-chinesesubmarines-heres-why-that-matters/, last visited on 23 Dec., 2018.

［12］ PM Narendra Modi's First Message: "Together We will Script a Glorious Future for India", available at http://zeenews.india.com/news/nation/ pm-narendra-modis-first-message-together-we-will-script-a-glorious -future-for-india_934917.html, last visited on 23 Dec., 2018.

［13］ 慕小明："美印强化防务合作的进展与影响", available at http://www.qstheory.cn/international/2016-11/03/c_1119842472.htm, last visited on 23 Dec., 2018.

［14］ Samuel J. Locklear, Speech of the Commander of US Pacific Command Admiral Samuel J. Locklear, available at https://www. pacom. mil/Media/Speeches-Testimony/Article/581146/pacom-before-the-house-appropriations-committee-remarks/, last visited on 27 Mar., 2019.

［15］ ［印］潘尼迦：《印度和印度洋—略论海权对印度历史的影响》,德隆、望蜀译,世界知识出版社 1964 年版。

［16］ Government of India. US-India Joint Strategic Vision for the Asia-Pacific and Indian Ocean Region, available at https://obamawhitehouse. archives. gov/the-press-office/2015/01/25/us-india-joint-strategic-vision-asia-pacific-and-indian-ocean-region, last visited on 27 Mar., 2019.

［17］ "《2018 年国内外油气行业发展报告》发布", 来源于 http://news. cnpc. com. cn/system/2019/01/18/001717430.shtml,最后访问日期：2019 年 4 月 2 日。

［18］ 胡二杰：《美国与印度海上安全合作及其对华影响》,载《国际研究参考》2017 年第 8 期。

上海交通大学海洋法中心是以上海交通大学凯原法学院为依托、整合校内涉海优势学科的研究资源而形成的以海洋法律、政策、战略等为主要研究内容的高水平、综合性研究机构。

2009年10月，在国家海洋事业整体发展、上海市国际航运中心建设的大背景下，上海交通大学凯原法学院成立了海洋法律与政策研究中心。2013年6月，在整合校内涉海相关院系的研究平台及优势学科的基础上，上海交通大学成立了极地与深海发展战略研究中心，以极地与深海大洋等相关问题的研究为特色，着力打造集海洋人文与社会科学研究、航运技术与管理、海洋工程与技术等多学科结合的综合性学术研究与政策咨询机构。以此为依托，2013年7月，上海交通大学极地与深海发展战略研究中心获批上海高校智库"国家海洋战略与权益研究基地"，是首批十个智库中唯一的海洋类智库。2015年12月，该中心又获批上海市社会科学创新研究基地"国家海洋战略与权益研究基地"。2016年1月，随着国际海洋法治事业的发展，在整合校内外已有研究资源的基础上，上海交通大学凯原法学院成立了海洋法治研究中心，该中心专注于海洋法学基本理论及实践问题的研究，在开展理论研究的同时，注重培养海洋法律、政策、管理等方面的专门人才，提高我国海洋法学的基础理论水平，促进海洋事业的发展。

2017年，上海交通大学海洋法中心迎来了迅速发展的一年。2017年8月，中心代表上海交通大学成功申请到国际海底管理局观察员席位，实现我国在国际组织观察员"零"的突破。教育部来函要求我们"深入探索非政府组织参与专业领域全球治理的有效路径和方式"。2017年9月，由外交部组织中国大洋事务管理局等涉海单位在北京召开会议，统筹协调我国参与国际海底区域治理相关的国际事务，会议决定以上海交通大学海洋法中心为牵头单位成立法律工作组，将中心作为我国深海新疆域外交和法律政策制定的依托单位，标志着上海交通大学海洋法中心成为国家深海战略、政策与法律研究的核心机构，直接为政府提供决策支撑。

上海交通大学海洋法中心在开展理论研究和人才培养工作的同时，对接国家决策咨询重大任务，为国家海洋法律体系的完善、海洋权益的维护与拓展、海洋争端的妥善处理以及为我国最终掌握国际海洋事务的话语权提供政策建议和法理支撑。目前，该中心已经形成以极地与深海为特色的特色研究领域和以海洋争端解决、海洋强国战略等为基础的基础研究领域。

上海交通大学海洋法中心自始至终聚焦于国际海洋法治热点问题,致力于推动我国海洋法治事业的发展,积极承担国家决策咨询任务,开办"海洋法理论与实践"高级研修班,为我国培养涉海法律人才,多次组织召开国内和国际海洋法学术研讨会,为重大海洋法律问题的解决贡献学理智慧。除此之外,海洋法中心还邀请国内外知名专家学者来我校举办海洋法专题讲座,并与兄弟院校共同主办海洋法专题的学术沙龙活动,取得了丰硕的理论研究成果,具有较高的学术影响力。

在国际海洋法治事业飞速发展、我国大力建设海洋强国的背景下,海洋法中心一定会再接再厉,精益求精,为我国海洋强国建设以及最终掌握国际海洋事务话语权贡献自己的力量!

2019 年《海洋法学研究》征稿启事

《海洋法学研究》集刊(半年刊,英文名 Law of the Sea Studies)是由上海交通大学海洋法治研究中心、极地与深海发展战略研究中心主办的一份专注于海洋法理论与实践问题研究的期刊,主要反映国内外海洋法律与政策研究的最新成果和最新动态,以推动中国海洋法学、海洋法理论与实践、海洋法律与政策研究的繁荣和发展,为国家海洋法治的发展和处理涉海事务及海洋外交提供理论支撑和学术参考。

本刊将以合集形式发行,每年两辑。

《海洋法学研究》以"海洋理念、对策分析;中国问题、国际视野"为宗旨,聚焦海洋法学理论研究和国际海洋法实践的前沿动态,对中国面对的各种重大的、具体的海洋法律问题进行深入探讨。设有海洋法理论与实践、深海研究、极地动态、南海聚焦等固定栏目。此外,灵活设置如"书评""跨学科研究""专题介绍""学会综述""研究动态""重要资料"等栏目作为补充。热诚欢迎海内外法学研究者惠赐佳作,稿件一经录用、即奉稿酬。

来稿要求

一、《海洋法学研究》以学术质量取舍稿件。对具有真知灼见,说理充分,逻辑严密,语言规范的稿件优先采用。来稿字数控制在 10 000 字左右,特优稿件可适当放宽。所有稿件文责自负。

二、稿件应附有作者简介,例如:张某某(1975—),男,汉族,×××大学法学院副院长、教授、博士生导师,法学博士,主要研究方向:国际海洋法,所在城市:浙江杭州,邮编:×××,联系电话:×××,邮箱:×××。如有基金资助,应写清基金名称、编号。稿件应包含不超过 300 字的内容摘要及3—5 个关键词,文章的题目、摘要、关键词应翻译成英文。

三、来稿请采用电子版形式,发至编辑部执行主编电子邮箱:liudan2015@sjtu.edu.cn,文档统一存为 word 格式。

四、作者应保证对其作品无一稿两投,其内容未曾在其他任何刊物和媒体发表过,具有著作权并不侵犯其他个人或组织的版权、严禁剽窃、抄袭行为。任何来稿视为作者、译者已经阅读或知悉并同意本声明。责任(通讯)作者已阅读全文,并在文章的形成过程中作出了显著的贡献,能承担今后有关本文发表方面的责任。所有作者均仔细阅读过全文并同意论文的内容及结论,所在的工作单位也已明确认可文章内容,对作者排序及作者单位排序均无异议。

五、版权转让:征得作者同意所投送的稿件在《海洋法学研究》发表后,该文的著作权专有许可使用权和独家代理权授予本编辑部。编辑部对来稿具有以下专有使用权:汇编权(文章的部分或全部)、印刷权和电子版的复制权、翻译权、网络传播权、展览权、发行权及许可文献检索系统或数据库收录权。未经编辑部书面许可,对于论文的任何部分,他人不得以任何形式汇编、转载、出版。论文发表后,作者有权使用该文章进行展览、汇编或展示在自己的网站上,仍可享有非专有使用权。

六、作者在投稿后45个工作日内未接到本刊编辑部通知的,可自行处理。作者在投稿后45个工作日内知悉来稿已为或将为其他公开出版物刊登的,应立即通知本编辑部。编辑部有权在尊重作者观点的前提下对来稿进行文字上的修改、删节。作者不同意的,请在来稿时声明。

七、来稿请严格遵照《海洋法学研究》的注释规范等要求,具体参见附件"《投稿指南》"。

本刊联系电话:021-34207499/62933947;传真号码:021-34207499。

咨询与相关事项,可发送邮件:oceanlaw@sjtu.edu.cn。

附件:《投稿指南》

一、文中注释一律采用页下注,每页重新标码。注码置于引文结束的标点符号之后右上方,样式为:①、②、③等。

二、注释规范

1. 中文资料

(1)著作类

王泽鉴:《民法总则》,中国政法大学出版社2001年版,第106—107页。

(2)期刊类

薛桂芳:《〈联合国海洋法公约〉体制下维护我国海洋权益的对策建议》,载《中国海洋大学学报》(社会科学版)2005年第6期,第14页。

(2)文集类

郑成良:《法律思维是一种职业的思考方式》,载葛洪义主编:《法律思维与法律方法》(第1辑),中国政法大学出版社2002年版,第75页。

(4)译著类

[英]J.G.斯塔克著:《国际法导论》,赵维田译,法律出版社1977年版,第74页。

(5) 网络资源类

吴建民:"南海问题要沉住气、全面看、有信心",来源于 http://opinion.huanqiu.com/1152/2016-04/8801699.html,最后访问日期:2016 年 4 月 8 日。

(6) 报纸类

吴黎明:《是"航行自由"还是"横行自由"》,载《法制日报》2016 年 3 月 11 日,第 4 版。

(7) 文件类

例如:财政部《关于国债代保管凭证(单)应严格执行国债兑付政策的通知》,财国债字[1995]第 25 号,1995 年 7 月 17 日。

2. 英文资料

(1) 书籍

Charmian Edwards Toussaint, *The Trusteeship System of the United Nations*, Connecticut: Greenwood Press, 1976.

(2) 期刊

Aggarwal, A. P., Conciliation and Arbitration of Labour Disputes in Australia, *Journal of Indian Law Institute* 8, No.1 (January-March 1966), 42.

(3) 书中章节

Fokkema, D.C., A.S. Hartkamp, "Law of Obligations", in: Chorus, Gerver, Hondius, Koekoek (eds.), *Introduction to Dutch Law for Foreign Lawyers*, Deventer, Kluwer Law and Taxation, 1993.

(4) 案例

East Timor (Portugal v. Australia), Judgment, I.C.J. Reports 1995, paras. 197-198.

(5) 英文网络资源

Egill Thor Nielsson and Bjarni Mar Magnusson, "The Arctic Five Strike Again", available at http://arcticjournal. com/opinion/1732/arctic-five-strike-again, last visited on 30 Jan, 2017.

3. 其他外文资料

从该文种注释习惯。